KB042939

대학 입시의
7가지 시크릿

대학 입시의 7가지 시크릿

초 판 1쇄 2023년 11월 29일

지은이 진성빈
펴낸이 류종렬

펴낸곳 미다스북스
본부장 임종익
편집장 이다경
책임진행 김가영, 신은서, 박유진, 윤가희, 윤서영, 이예나

등록 2001년 3월 21일 제2001-000040호
주소 서울시 마포구 양화로 133 서교타워 711호
전화 02) 322-7802~3
팩스 02) 6007-1845
블로그 http://blog.naver.com/midasbooks
전자주소 midasbooks@hanmail.net
페이스북 https://www.facebook.com/midasbooks425
인스타그램 https://www.instagram/midasbooks

© 진성빈, 미다스북스 2023, *Printed in Korea*.

ISBN 979-11-6910-396-1 03190

값 20,000원

미다색북소는 다음세대에게 필요한 지혜와 교양을 생각합니다.

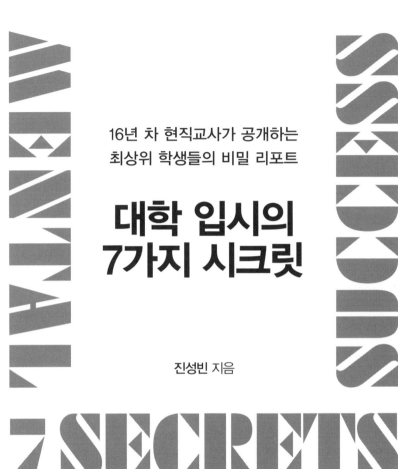

16년 차 현직교사가 공개하는
최상위 학생들의 비밀 리포트

대학 입시의
7가지 시크릿

진성빈 지음

미다스북스

프롤로그

"삼촌, 제가 선생님이 되면 잘할 수 있을까요?"

중학교 2학년이던 어느 날, 국어 선생님이셨던 막내 삼촌께 제가 선생님이 되면 잘할 수 있을지 여쭤본 기억이 납니다. 예상치 못한 조카의 물음에 삼촌은 절 잠시 바라보시더니 예상했던 것보다 훨씬 진지하게 답해주셨습니다. 선생님이 되면 어떤 사람이 되어야 하는지, 어떤 좋은 점이 있는지, 어떤 힘든 점이 있는지 상세하게 알려주셨습니다. 선생님이 되고 싶어 하는 제 의지가 생각보다 강함을 깨닫고 잘할 거라며 힘껏 격려도 해주셨습니다.

덕분에 '잘할 수 있을까?'라는 물음은 '잘할 수 있다!'라는 확신으로 바뀔 수 있었습니다.

교사라는 직업에 첫 한 발짝을 내디딘 순간이었습니다.

저는 2008년에 대학을 졸업하자마자 15살 때부터 꿈꾸었던 교사가 되었습니다. 그리고 2023년인 현재까지 16년째 고등학교 수학 교사로 근무하고 있습니다. 수많은 학생을 만났고 수많은 학생과 소통했습니다. 수많은 학생의 고민을 함께 나누었고 수많은 학생의 꿈을 응원했습니다. 수많은 학생의 대학 입시 성공에 함께 환호했고 수많은 학생의 대학 입시 실패에 함께 눈물 흘렸습니다. 처음 취직했던 20대부터 지금의 40대가 될 때까지 언제든 퇴근하려다가도 상담하고 싶다는 학생이 있으면 집에 가지 않고 남아 1시간 넘게 학생의 이야기를 듣고 공감하며 소통했습니다.

매일 아침 눈을 떴을 때 처음 출근한 날부터 지금까지 단 하루도 빠짐없이 저 자신에게 한 질문이 있습니다.

'나는 나를 만나는 학생들을 가르칠 자격이 있는가? 아직도 학생을 가르치는 이 직업에 만족하고 사는가?'

그리고 이 질문에 'Yes'라는 대답이 떠올랐을 때 비로소 이불을 박차고 출근 준비를 시작했습니다. 이렇게 매일 제 신념과 사명에 집중하니 제가 있는 곳에서 무엇을 어떻게 해야 하는지 선명하게 알 수 있었습니다.

지금까지 수많은 학생과 소통하고 상담해 본 결과 느낀 게 있습니다. 교직에 처음 발을 디뎠을 때 학생들에게 받았던 질문과 지금 학생들에게 받는 질문이 크게 다르지 않다는 것입니다. 그리고 다행인 것은 '학습 동기 부여에 대한 근본적인 해답이 존재하는가?'라는 질문에 대한 제 나름의 명확한 답을 찾아냈다는 것입니다.

"저보다 선생님 말씀을 더 잘 들어요. 선생님과 상담을 한번 하고 오더니 글쎄 주말인데 아침 일찍부터 독서실에 가더라고요. 선생님께서 말씀하신 건 뭐든지 다 해내려고 노력하는 게 눈에 보여요. 정말 잘 부탁드립니다. 선생님."

'교사로서 가장 잘할 수 있는 게 무엇인가?'에 대해 저 스스로 내린 결론은 바로 수업과 상담이었습니다. 교사라면 당연히 수업을 잘해야 마땅하며 학생을 대하는 직업이기에 그들의 생각과 감정을 진심으로 어루만져줄 수 있는 상담을 할 수 있어야 한다고 믿었습니다. 그래서 수업과 상담에 제 대부분의 에너지를 집중했습니다. 그 결과, 학교의 많은 학생과 학부모님께 수업과 상담의 두 가지 분야에 있어서 모두 인정받을 수 있었습니다.

하지만 교사로서 느끼는 모든 갈증이 해소된 건 아니었습니다. 좋은 수업은 대형 학원이나 온라인 강의 등을 통해 많은 학생이 전보다 쉽게 접할 수 있지만, 좋은 상담은 여전히 많은 학생이 쉽게 접할 수 없다고 느꼈기 때문입니다.

그 순간 저는 앞으로의 제 목표가 바뀌었다는 걸 깨달았습니다.

'고등학생 상담 분야에서 대한민국 최고가 되고 싶다.'

구체적인 목표가 정해졌으니 계획이 필요했고 실천이 필요했습니다. 그리고 금세 그 계획과 실천 모두를 한 번에 해결할 방법이 떠올랐습니다. 바로 책 집필이었습니다. 저는 1년이라는 목표 기한을 정하고 책 집필에 몰입했습니다. 수업과 학생 상담, 행정 업무, 담임 업무 등 쌓여가는 업무를 모두 해내면서도 퇴근 후 책 집필을 놓지 않고자 최선을 다했습니다. 자정이나 새벽 1시가 되어서야 비로소 쉴 수 있는 여유가 생겼지만, 어김없이 책상에 앉아 이야기를 이어 나갔습니다. 그리고 다행히 스스로 마감일로 설정한 날이 되었을 때 책 한 권 분량의 글을 완성할 수 있었습니다.

말은 하고 나면 바로 사라지지만 글은 쓰인 종이 위 그 자리에 계속해서 남아 있습니다. 말은 하고 나면 기억이 나지 않는다며 손사래를 칠 수 있지만 글은 한 사람의 생각을 표현한 결정적인 증거로 계속해서 남습니다. 제가 말보다 글을 사랑하는 이유입니다.

저는 진심은 결국 통한다는 명언을 굳게 믿는 사람입니다. 학생 상담에 있어서는 그 어느 곳에서든 1년 안에 제 능력을 보여줄 자신이 있습니다. 비록 이미 선생님의 '님' 자를 붙이기 민망한 시대에 살고 있지만 교직은 전문직이자 성직이라는 제 관점 또한 아직 바뀌지 않았습니다. 그렇기에 이 책을 통해 지금까지 교사로서 살면서 느끼고 깨달았던 것들을 아낌없이 나누는 안테암불로[1]가 되고자 합니다.

한결같이 같은 연령대 아이들을 봐온 교사의 관점에서 고등학교에서의 3년은 앞으로 인생을 좌우할 수 있을 정도로 너무나 중요한 시기입니다. 자신의 꿈에 관해 언제든 진지하게 고민하고 실제 꿈을 위해 실천하며 나아갈 준비가 된 시기이기도 합니다. 따라서 고등학교 3년간의 학습 습관이나 태도, 삶에 대한 방향성, 가치관 정립은 그 어느 나이 때보다 소중합니다.

하지만 2024년을 목전에 앞둔 지금의 고등학생은 급격하게 바뀌고 있는 교육 제도와 환경 변화로 인해 너무나 혼란스럽습니다. 중학교에 다닐 때보다 지금이 더 중요한 건 알겠는데 뭘 어떻게 대처해야 하는 걸까요? 학부모님께서는 당장 대입이 코앞에 와 있는 이 시점에 부모로서 뭘 어떻게 도와줘야 하는 걸까요?

저는 이 책이 전국의 수많은 고등학생과 학부모님께 등대와 같은 지침서가 될 수 있을 거로 확신합니다. 분명 책의 마지막 페이지를 덮으실 때쯤이면 학생들은 대학 입시 성공을 위한 자기 공부 방향과 방법에 대한 확신을 얻고 학부모님께서는 급변하는 입시 환경에서 자녀에게 어떤 조언을 하고 어떤 행동을 취해야 할지 명확하게 깨닫게 되실 것입니다.

저를 믿고 시크릿을 실천하시는 모든 분께 분명 놀라운 변화가 펼쳐질

---

1) 팀 페리스, 『타이탄의 도구들』, 토네이도(2022), p.141.

것입니다.

진심은 결국 통합니다.

제게 있는 온 힘을 다해 전국에 있는 모든 고등학생과 학부모님을 응원합니다.

목차

PART 2

최상위 학생들의
입시 성공을 위한
7 시크릿

—

답답함. 불안감. 무기력감. 온 우주에 나 혼자뿐인 듯한 지독한 외로움.
바로 수많은 고등학생이 느끼는 공통적인 감정입니다.
친구들의 7가지 에피소드를 읽으며 온 마음을 담아 공감해보세요.
분명 한층 더 단단해진 자기 자신을 발견하게 될 것입니다.

PART 1

최상위 학생들의
멘탈을 위한
7 시크릿

공부 공간과
쉼 공간을
구분하라

—

'내 방에 들어가면 무조건 쉴 수 있어!'

이렇게 생각할 수 있어야 아이들도 방에서 온전히 쉴 수 있고

부모님께서도 그 모습을 보고 스트레스 받지 않으실 수 있습니다.

Episode: 민재 어머니
- 집에서 공부하지 않는 아이가 걱정돼요

    토요일 아침부터 민재 어머니는 머리가 지끈지끈 아프다. 도대체 민재는 언제 일어나는 걸까? 벌써 10시다. 공부한다고 책상에 앉아 있는 것 같더니 금세 침대에 누워 휴대전화만 만지작댄 게 분명하다. 휴대전화를 뺏을 수도 없고 휴대전화를 뺏는다고 해도 태블릿이 있으니 별 소용이 없다.

    다른 엄마들은 대체 어떻게 하고 있을까? 벌써 고등학교 2학년인데 아직도 공부에는 전혀 관심이 없으니 큰일이다. 옆집 수아는 벌써 학원에 가 있을 텐데 민재는 죽어도 학원에 가지 않겠다니 억지로 떠밀 수도 없다. 민재 아빠는 남자애들은 그냥 시키면 된다며 무조건 학원에 보내라고 성화다. 나 때는 다 그랬다나? 또, 라떼 타령이다. 그게 말처럼 쉽니? 얼마 전 민재에게 부족한 과목 전체를 학원에 맡길까 생각도 해보았으나 부부가 함께 벌어도 학원비가 너무 부담될 거 같아 포기했다. 혹여 학원에 더 보낸다고 해도 지금처럼 집에 오고 나면 저렇게 온종일 잠만 자거나 게임만 하고 있을 게 뻔하다.

    민재가 학교에서는 잘하고 있는 걸까? 담임 선생님께서 우리 민재에게 관심이 있는지 도통 알 수가 없다. 아무래도 옆집 수아 엄마한테 조언을 좀 구해야겠다. 수아는 국어, 영어, 수학에 과학까지 다닌다니 분명 학원에 대한 정보가 많을 것이다.

그나저나 도저히 안 되겠다. 어느새 11시가 다 되어가지 않은가.

"민재야! 당장 일어나 민재야!"

Episode: 민재
- 집에서만큼은 정말 쉬고 싶어요

솔직히 내가 공부를 안 하는 건 아니다. 엄마는 주변 친구들 다 학원에 다닌다며 성화지만 사실 학원에 다닌다는 친구들 대부분이 학교에서는 대놓고 자거나 졸고 있다. 그래도 난 모범생까진 아니어도 선생님 수업을 듣는 편에 속한다. 이건 학교 선생님들께 여쭤보면 엄마도 잘 아실 텐데 그것도 모르고 자꾸 화만 내니 너무 억울하다.

그리고 학교에 있으면 할 게 너무 많다. 2학년이 되니 배우는 과목이 많아졌고 그만큼 준비해야 할 수행평가도 많아졌다. 수업 시간에 배운 내용을 혼자 공부하고 싶어도 그럴 만한 시간이 없다. 중학교와 고등학교 1학년이 다르고 고등학교 1학년과 2학년이 또 다른데 엄마는 그걸 알고 내게 매일 잔소리를 하시는 걸까? 나도 잘하고 싶다. 하지만 성적이 잘 나오지 않는 걸 나더러 어떡하라는 말인가? 엄마가 성적 말고 다른 쪽에도 관심을 두시면 좋겠다. 그저 학원, 학원. 그냥 엄마, 아빠가 다니라는 학원에 더 다닐까도 생각 중이다. 적어도 더 이상 학원 다니라는 잔소리는 듣지 않겠지.

공부해야겠다는 생각을 안 하는 건 아니다. 하지만 학원 끝나고 방에 들어오면 컴퓨터와 침대가 보이고 자동으로 어제 하다 만 게임이 떠오른다. 결국 어제도 늦게까지 게임을 했고 오늘 11시에 엄마의 잔소리 때문에 겨우겨우 눈을 떴다. 엄마가 소리를 지르지 않고 깨워주면 좋을 텐데. 주말이 되면 왜 저렇게 아침마다 화가 나 있을까? 주말에도 7시에 일어나야 하나? 도대체 왜 그래야 하는지 모르겠다. 학교에서도 집에서도 계속 공부만 하면 나는 대체 언제 놀고 언제 쉴 수 있는 거지? 원래 어른들도 주중에 열심히 일하고 주말에는 대부분 쉬지 않나? 주말에는 좀 놀면 안 되냐고 한마디했다가 30분도 넘게 잔소리를 들어야 했다.

"네가 주말만 놀아? 평일에도 놀잖아. 낮에도 놀고 밤에도 놀잖아! 도대체 언제까지 맨날 놀기만 할 거야? 왜 온종일 게임만 하냐고!"

게임은 우리 반 애들 거의 다 하는 건데 그게 뭐 어쨌다는 건지 대체 알 수가 없다. 요즘은 남자애들뿐만 아니라 여자애들도 많이 하는데 말이다. 공부고 뭐고 다 때려치우고 싶다.

이제 세상이 달라져서 학력이 좋아도 별 소용이 없다던데 엄마 말씀대로 계속 공부만 해서 대학에 잘 가면 뭐가 달라질까? 최근 들어 엄마와 전보다 자주 다투는 것 같아 속상하다. 엄마가 내 마음을 조금만 더 이해하고 보듬어 주시면 좋을 텐데. 서운하고 답답하다.

Secret: 16년 차 고등학교 선생님
- 공부와 쉼에 관한 대화를 충분히 해보세요

① 가족 간 충분한 정서적 교감을 이루어라

요즘 학교에서 아이들에게 많이 듣는 말이 하나 있습니다.

"아, 집 가고 싶다!"

한 학생이 이렇게 이야기하면 옆에서 몇몇 학생들이 집 가고 싶다는 말을 이어서 반복합니다.

"집에 왜 가고 싶은데?"
"그냥요. 그냥 집에 가고 싶어요."
"집에 가서 뭐 할 건데?"
"자고 싶어요. 게임도 하고 싶고요. 놀고 싶어요."

여기서 주목할 점이 하나 있습니다. 공부하고 싶어서 집에 가려는 학생은 없다는 것입니다.

학생들과 상담해 보면 주말에 엄마 잔소리를 들었거나 엄마와 싸웠다는 이야기를 종종 듣습니다. 월요일부터 금요일까지 학교에서 열심히 공부했으니 주말에는 쉬고 싶은데 또 공부만 하라니 화가 났다는 겁니다.

월요일부터 금요일에도 아이들은 집에 갑니다. 그런데 왜 또 집에 가고 싶다는 걸까요? 아이들이 생각하는 집이란 쉬는 공간이기 때문입니다. 월요일부터 금요일까지 밤늦게 들어가는 집은 그저 잠만 자고 오는 공간이기에 자신이 생각하는 집이 아니라는 겁니다. 그래서 집 안에 있는데도 집에 가고 싶다고 말하는 것입니다.

물론 집에만 오면 늘어지는 아이를 봐야 하는 부모님의 스트레스에도 충분히 공감합니다. 고등학생은 주중에 학교와 학원까지 갔다가 집에 늦게 오기 때문에 부모님과 마주칠 수 있는 시간이 별로 없습니다. 1학년까지는 아침에 나갔던 아이를 늦은 밤이 되어서야 다시 보니 안쓰럽기도 하고 열심히 공부했겠거니 싶어 주말에 쉬게 해주시기도 합니다. 하지만 아이가 2학년이 되면 전보다 불안감이 커집니다. '내년이면 고3인데 그래도 대학은 가야 하지 않을까?'라는 생각 때문입니다. 그것도 서울에 있는 좋은 대학 말입니다.

그러니 주말에 아이가 늦잠이라도 자는 날이면 불안감이 극도로 커집니다. 다른 아이와 굳이 비교하고 싶지 않지만, 자꾸 주변에서 누구 아이는 학원을 몇 개 다닌다느니, 과외를 몇 개씩 한다느니 하는 이야기가 들리니 불안할 수밖에 없습니다. '우리 아이만 이렇게 가만히 두는 게 아닐까?' 싶기도 합니다. 얼마나 사교육을 많이 시키면 좋은 대학에 갈 수 있는 건지 알 수 있으면 좋을 텐데 입시 제도가 너무 많이 바뀌어서 어디 가서 제대로 물어보기도 쉽지 않습니다. 물어본다 해도 바뀐 내용을 정확히 이해할 수 있을지 의문입니다.

그래서인지 학부모님과의 상담에서 제가 공통으로 듣는 이야기가 있습니다.

"좋은 강의가 있고 좋은 선생님이 계셔서 학원에 보내는 게 아니에요. 아이가 집에서는 공부하지 않고 학원 갈 때만 공부하니까 보내는 거예요."

하지만 정서적 교감 없이 사교육에만 의존하는 악순환은 학생과 부모님을 끊임없이 괴롭힙니다. 쉬려는 아이와 공부시키려는 부모의 대립 관계가 계속해서 이어지기 때문입니다. 여기서 중요한 건 학원에서의 학습 활동이 아이에게 유의미한 활동인지 부모님께서 판단하시기 어렵다는 것입니다. 그러니 부모님 관점에서는 아이가 아무리 힘들다고 해도 그냥 버티라고 하실 수밖에 없습니다. 그리고 이러한 대립 관계가 유지되는 한 스스로 공부하려는 아이의 모습은 계속해서 찾을 수 없게 됩니다. 악순환이 반복되는 것입니다.

부모님이라는 존재는 아이들에게 조건 없는 내 편이자 버팀목입니다. 내가 힘들 때 언제든 곁에 있어 주고 따뜻하게 안아줄 수 있는 사람입니다. 그렇기에 더 이상 내 편이 아니라고 느끼거나 따뜻하게 안아주지 않는다고 느낄 때 아이들은 한없이 작아집니다. 불안한 감정이 커지는 것입니다. 이렇게 조건 없는 내 편이 없다고 느끼는 아이들은 주변 친구에게 점점 더 기대고 의지하게 됩니다. 너무 많이 의지하면서 친구가 점점 부담을 느끼게 되면 친구 간 갈등도 발생합니다. 따라서 부모님의 조건 없는 사랑은 아이가 크더라도 여전히 필요합니다.

공부가 아닌 일상의 이야기도 괜찮습니다. 아이가 심리적 안정감을 줄 수 있도록 가족이 함께 있을 때 자주 대화하고 서로 알고자 노력해야 합니다. 가족 간 정서적 교감이 충분히 이루어져야 비로소 아이가 온전히 학습에 집중할 수 있습니다. 부모와 자식 관계가 아닐지라도 소통하지 않는 인간관계는 언제 어디서든 오해 속에 놓일 수밖에 없다는 점을 꼭 기억하시길 바랍니다.

② 보상으로서의 쉼을 제공하라

"오늘부터 특별 기간에 돌입합니다. 전 세계적인 분위기에 발맞추어 우리도 하루 일을 일찍 끝마치면 언제든 퇴근할 수 있도록 바꾸겠습니다. 이왕 바꾸는 거 월요일부터 목요일까지 일을 모두 끝마치면 금요일에는 출근하지 않아도 되는 걸로 정하죠."

회사 사장님께서 갑자기 이렇게 선언하신다면 어떨 것 같으신가요? 분명 회사에 있는 직원 모두 커피 마시는 시간도 아까워하며 어떻게든 일을 미리 끝마치려 하지 않을까요? 사람 마음은 다 똑같습니다. 그러니 아이들이라고 크게 다르지 않습니다. 아이 스스로 부모님과의 소통을 통해 한 주의 계획을 짠 플래너를 공유하게 한 뒤 그 플래너에 쓴 공부량을 모두 해냈을 때 집에서 조건 없이 쉴 수 있게 해주셔야 합니다. 소통을 끊는 게 아니라 소통을 적극적으로 늘려주셔야 합니다. 플래너에 있는 계획을 제대로 지키고 실행한다면 학원이나 독서실에서 의미 없이 졸면서 시간을 때울 필요가 없습니다. 이 습관만 제대로 해내도 학생들은 금세 정말 필요한 공부를 스스로 찾아 실행하기 시작합니다.

단, 조건이 있습니다. 쉬는 시간이 끝났을 때 바로 일상으로 돌아올 수 있어야 한다는 점입니다. 조금만 더 쉬면 안 되냐고 물었을 때 안쓰러운 마음에 조금 더 시간을 주셨다가는 그동안의 노력이 모두 물거품이 될 수 있습니다. 이 방법은 보상이 정확한 통제 아래 이루어져야만 큰 효과를 발휘할 수 있습니다.

"우리 아이가 진짜 해낼 수 있을까요?"

반신반의하실 수 있습니다. 걱정되고 불안한 마음 모두 이해합니다. 하지만 속는 셈 치고 한 달만 아이와 함께 실천해보시기를 권합니다. 아마 자녀가 바로 반응하는 모습을 보실 수 있을 것입니다. 학부모님은 빠르게 바뀌는 자녀의 모습에 만족감을 느끼실 수 있고 아이들은 보상으로서의 쉼을 온전히 누림으로써 스스로 매주 계획을 모두 해내는 자기 모습에 강한 성취감을 느낄 수 있습니다. 어쩌면 자신에게 필요한 공부 관련 학원에 다니고 싶다고 말하거나 원하는 시간에 독서실을 가고 싶다고 말하는 적극적인 자녀의 모습을 발견하실 수도 있습니다.

③ 집의 공간을 분리하라
노력에 비해 성적이 잘 오르지 않는다는 학생들을 상담하다 보면 보통 침대와 책상이 방에 같이 붙어 있습니다. 침대와 책상을 오가며 공부하고 쉬는 아이들이 생각보다 많다는 뜻입니다. 이렇게 되면 공부와 쉼 모두에 집중하지 못한 채 공부하면서 쉬고 싶어 하고 쉬면서도 공부하지 않는 자기 모습에 스스로 불안감을 느끼게 됩니다. 따라서 온전히 공부와 쉼에 몰입하고 집중할 수 있도록 공부하는 공간과 쉬는 공간으로 집의 공간을 분리해야 합니다.

'내 방에 들어가면 무조건 쉴 수 있어!'

이렇게 생각할 수 있어야 아이들도 방에서 온전히 쉴 수 있고 부모님께서도 그 모습을 보고 스트레스 받지 않으실 수 있습니다.

직장인은 사무실에 들어가면 일하고 휴게실에 들어가면 쉬며 식당에 들어가면 밥을 먹습니다. 회사에서 공간을 그와 같이 설정했기 때문입니다. 사실 사무실에서 밥을 먹어도 되고 휴게실이나 식당에서 일해도 됩니다. 하지만 하지 않는 이유는 그리 효율적이지 않기 때문입니다. 집에서의 공간 분리도 같은 맥락으로 이해하셔야 합니다.

"여러분이 업무에 집중할 수 있도록 개인별 맞춤형 공간을 제공하겠습니다. 필요한 공간의 분위기가 있으면 말씀해 주세요. 내일까지 조사한 뒤 다음 주부터 개인별 맞춤형 공간에서 업무를 보실 수 있도록 바로 바꾸겠습니다."

사장님께서 이렇게 선언하시면 어떤 느낌이 들 것 같으신가요? 아마도 회사에 대한 애정이 더 높아지고 업무에 온전히 집중할 수 있다는 걸 쉽게 예측하실 수 있을 것입니다. 당장 다음 주부터 우리 회사가 실제로 개인별 맞춤형 공간을 주면서 퇴근도 마음대로 할 수 있는 회사로 바뀐다고 상상해보세요. 기분이 어떠신가요? 연봉까지 높여준다면 이 회사에서 나가려는 직원은 아마 아무도 없을지도 모릅니다.

이처럼 집에만 오면 공부하지 않는 아이는 가족 간의 충분한 정서적 교감, 보상으로서의 쉼 제공, 집의 공간 분리를 통해 빠르게 바뀔 수 있습니다. 오늘 바로 집에 들어가셔서 자녀와 함께 실천해 보시기를 권합니다. 분명 짧은 시간 내에 가족 모두 엄청난 심리적 변화를 경험하실 수 있을 것입니다.

좋고 싫음을
분명히
인식하라

—

성적을 올리는 것보다 더 중요한 건

학생들이 무엇을 좋아하고 무엇을 하고 싶은지 아는 것입니다.

Episode: 수아 어머니
- 목표 의식이라는 게 없는 것 같아요

중학교에 다닐 때만 해도 학교가 재밌다고 하던 수아가 요즘 들어 도통 힘이 없다.

친구 관계에 문제가 생겼나 싶어 어제 조심스레 물어봤더니만 대뜸 이런다.

"엄마, 난 나중에 뭐 하면서 살아야 해?"

"수아가 좋아하는 일 하면서 살면 돼. 그래야 재밌게 살지."

"난 하고 싶은 게 없는데? 오늘 갑자기 생각해 봤는데 내가 뭘 하고 싶은지 잘 모르겠어."

"우리 수아 피아노 치는 거 좋아하잖아. 요리도 좋아하고. 아니면 요즘은 로봇이나 코딩이 대세라던데 그걸 배워보는 건 어떠니?"

"엄마, 피아노나 요리를 좋아하긴 하지만 직업으로 갖기는 싫어. 그리고 코딩은 너무 어려워 보여서 싫어. 나 수학도 그리 잘하지 못한단 말이야."

17년간 내 딸로 키웠지만 이런 대화를 하게 될 줄은 몰랐다. 수아가 벌써 이렇게 컸나 싶고 대견하기도 하지만 엄마로서 아이에게 이 정도로 무지했었나 싶어 낯이 뜨겁다. 수아에게 더 이상 해줄 수 있는 말이 없었기 때문이다.

"엄마랑 앞으로 찾아볼까? 수아가 좋아하는 거 이제 찾아보면 되잖아."

"엄마, 근데 일단 성적이 나와야 하잖아. 뭘 좋아하는지도 모르겠고 뭘 해야 할지도 모르겠고 성적을 어떻게 올려야 할지도 모르겠어. 공부하긴 하는데 이게 맞는지 모르겠다고."

"그래 알았어. 엄마도 수아가 뭘 하면 좋을지 한번 생각해 볼게. 같이 힘내보자. 알겠지?"

말은 이렇게 했지만 사실 엄마인 나도 어떻게 해야 할지 잘 모르겠다. 예전에는 그저 좋은 대학 가서 취직하면 된다고 생각했다. 좋은 대학 나오고 대기업 취직해서 돈 많이 버는 삶이 성공한 삶이라고 생각했다. 학생 때는 무엇보다 학교 수업 잘 듣고 시험 잘 보면 되는 줄 알았다. 하지만 나이를 먹고 나니 이제는 안다. 그게 전부가 아니라는 걸.

'엄마보다 우리 수아가 더 낫구나. 이런 생각도 할 줄 알고.'

하루하루 바쁘게 살다 보니 수아에게 너무 신경을 못 쓴 것 같아 미안

하다. 수아를 위해서 지금이라도 뭔가 해주고 싶은데 무얼 해야 하는 걸까? 생각해보니 엄마로서 해야 하는 일에 치여 뭘 하고 싶어 했는지 나조차도 까맣게 잊고 있었다. 수아 아빠도 요즘 얼굴이 안 좋아 보이던데 무슨 걱정이라도 있는 건 아닌지 모르겠다.

'수아도, 나도, 수아 아빠도, 무얼 좋아하는 걸까? 무얼 하고 싶은 걸까?'

생각이 많아졌다.

Episode: 수아
- 왜 공부해야 하는지 모르겠어요

오늘 담임 선생님께서 창의적 체험활동 진로 탐색 시간에 앞으로의 진로에 대해 적을 수 있는 양식을 나누어 주셨다. 나중에 어떤 사람이 되고 싶은지 적으면 된다고 하셨다.

"야, 대통령 해야지. 대통령!"

"선생님, 돈 많이 버는 직업이 뭐예요?"

"연예인이 최고지. 나랑 아이돌 포카[2] 교환할 사람 없니?"

몇몇 친구가 이런 식의 말을 하며 대화를 이어 나갔다. 진로 희망 양식이나 활동에 별 관심이 없는 친구들이 대부분이었다. 사실 나도 평소라면 별다른 생각이 없었을 텐데 오늘은 왠지 모르게 다른 생각이 들었다.

'나는 뭘 좋아하는 거지? 나는 나중에 뭐가 되고 싶은 거지?'

살면서 처음 받은 질문은 아니었다. 다만, 한 번도 진지하게 생각해본 적이 없는 질문이었다. 그냥 '좋은 대학에 들어가고 취직해서 잘 살아야지.', '맛있는 거 먹고 여행 다니면서 살아야지.' 정도로 막연하게 생각했다. 하지만 이제 앳된 중학생 티를 벗고 고등학생이 되어서일까? 평범하게 직장이라는 곳에 들어가서 살다가는 평생 나답게 살 수 없을 것 같다는 생각이 들었다.

'이러다가 나도 엄마, 아빠처럼 적당히 월급 받으면서 평범하게 살겠구나.'

이런 생각이 드니 갑자기 거부감이 밀려들었다.

'도대체 공부는 왜 하는 걸까?'

'공부를 안 해도 성공할 방법은 없을까?'

---

2) 학생들이 포토 카드를 이르는 말.

'지금처럼 공부하면 내가 원하는 무언가를 할 수 있긴 한 걸까?'

'지금처럼 모두가 같은 교실에 앉아 같은 수업을 들어야만 하는 걸까?'

생각해 보니까 나를 포함해 친구 중 그 누구도 왜 공부해야 하는지에 대해 고민하지 않고 있었다. 학교는 당연히 가야 했고 수업은 당연히 들어야 했다.

'하지만 정말 그래야 하는 걸까? 내가 뭘 해야 할지도 모르고 있는데?'

머릿속이 혼란스러워졌다.

'친구들은 이런 고민이 없을까?'

친구에게 고민을 털어놓고 싶었지만 놀림만 받을 거 같았다. 결국 고민만 하다가 친구랑 잘 지내냐는 엄마의 말 한마디에 조심스레 고민을 털어놓았다. 하지만 표정이 어두워지는 엄마의 모습에 금세 또 후회하고 말았다. 괜히 바쁜 엄마께 나까지 고민거리를 얹어드린 것 같았기 때문이다.

Secret: 16년 차 고등학교 선생님
- 원하는 미래를 구체적으로 떠올리세요

① 왜 공부하는지 스스로 묻고 답하라

교사라는 직업은 참 독특합니다. 수많은 학생을 만나지만 매년 만나는 학생들의 나이가 거의 같기 때문입니다. 학교에 있으면 몇십 년이 지나도 같은 연령대의 학생들을 만납니다. 이러한 특징은 상담하면서 더더욱 실감하게 됩니다. 학생들의 고민거리가 매년 거의 비슷하기 때문입니다.

"아무리 열심히 해도 성적이 오르지 않아요."
"수학은 진짜 무슨 말인지 하나도 모르겠어요."
"밥 먹으러 갈 때 같이 먹는 친구가 안 보이면 괜히 불안해요."
"친구들이 뒤에서 제 이야기를 하는 것 같아요. 나쁜 말을 하는 건 아니겠죠?"

이보다 훨씬 많은 고민거리가 있겠지만 대체로 성적과 친구 관계에 관한 고민이 가장 많습니다. 마치 우리가 업무와 시간 관리, 주변 동료와의 관계를 주로 고민하는 것과 비슷합니다. 사실 사람들의 고민이란 대체로 그 맥락을 같이 합니다.

성적이 오르지 않아 고민하는 학생 대부분은 자기가 제대로 공부하고 있지 않다고 생각합니다. 그리고 이를 해결하기 위해 무엇이든 하고 싶은데 뭘 해야 할지 모르겠다고 말합니다. 열이면 아홉의 학생들이 이렇게 대답합니다. 또한, 상담하는 교사가 자신의 문제를 해결할 구체적인 방법을 알고 있다고 믿으며, 그 방법을 알 수만 있다면 당장이라도 실천할 수 있다고 답합니다. 물론 이를 해결할 단 하나의 해결책은 없습니다. 하지만 단계적으로 극복할 방법은 분명히 존재합니다.

성적이 오르지 않아 고민하는 학생이 왔을 때 학생과의 대화는 보통 다음과 같이 시작됩니다.

"너는 공부를 왜 한다고 생각하니?"

"공부요? 대학 잘 가려고 하겠죠?"

"그렇구나. 대학은 왜 잘 가야 하는데?"

"좋은 대하에 가야 취지이 잘 되죠."

"취직을 하는 게 공부의 목적일까?"

"그건 아니지만 공부를 잘해야 돈 많이 받는 곳에 취직할 수 있잖아요."

고등학교 학생들에게 공부하는 이유를 물어보면 대체로 대학과 취직,

그리고 돈이라는 단어를 언급합니다. 마치 취직하고 돈을 벌기 위해 수학, 국어, 영어, 과학, 사회 공부를 하는 것처럼 말입니다. 하지만 학교 생활을 잘하고 수행평가 점수를 잘 받고 수상 경력이 뛰어나야 좋은 기업에 취직하고 돈을 많이 벌 수 있는 게 아니라는 걸 어른들은 이미 알고 있습니다.

또한, 좋은 대학에 들어가면 대학이 알아서 뭔가 해줄 거라는 막연한 기대감도 문제가 됩니다. 서울대학교에 입학하면 서울대 학생이라는 자부심이 학생의 마음을 가득 채워줄 수는 있습니다. 하지만 서울대학교에 다닌다는 이유 하나만으로 평생 먹고살 수 있는 건 아닙니다. 따라서 흔히 말하는 좋은 대학에 입학하는 것도 공부를 열심히 해야 하는 궁극적인 이유가 될 수 없습니다.

사실 학생들도 좋은 대학과 취직이 삶의 전부가 아니라는 걸 잘 알고 있습니다. 다만 확신을 갖지 못할 뿐입니다. 확신이 없기에 기존의 구시대적인 방식을 맹목적으로 따라가게 되고 불안감을 조장하는 사교육에 의지하게 되고 획일화된 공부에 집중할 수밖에 없는 것입니다. 그 결과 엄청난 공부량과 수업 내용의 속도를 감당하지 못하는 학생들이 생기며 그중 대다수가 중간에 낙오되어 힘들어하는 것입니다.

"한국 학생들은 하루 10시간 이상을 학교와 학원에서 자신들이 살아갈 미래에 필요하지 않을 지식과 존재하지도 않을 직업을 위해 시간을 허비하고 있다."[3]

앨빈 토플러가 2007년 9월 아시아 최대 투자자 포럼인 CLSA 포럼에 참석했을 때 중앙일보 기자와 인터뷰하며 한 말입니다. 하지만 2007년 으로부터 16년도 더 지난 지금의 한국 학생들은 여전히 2007년과 같은 길을 걷고 있습니다. 앨빈 토플러의 말이 사실이라면 이제 소중한 시간 을 더 이상 낭비하지 말고 자신이 무엇을 좋아하는지, 무엇을 하고 싶은 지 알고 있어야 하지 않을까요? 따라서 지금이라도 중 · 고등학교 6년간 자신이 무엇을 좋아하는지, 무엇을 하고 싶은지에 대해 진지하게 고민하 고 생각해야 합니다. 삶이란 그 누구도 대신 살아줄 수 없기 때문입니다. 그리고 이 고민은 담임 교사나 친구, 주변 사람, 그 누구도 대신 해줄 수 없습니다.

그러니 왜 학교에 다니고 있는지, 왜 공부를 하고 있는지, 왜 좋은 대 학에 가려고 하는지, 왜 안정적인 직업을 갖고 싶은지, 왜 돈을 많이 벌 고 싶은지 진지하게 고민하는 시간을 갖길 바랍니다. 그래야만 나태해지 지 않고 스스로 공부에 몰입할 힘을 가질 수 있습니다.

② 원하는 대학과 학과를 구체적으로 파악하라

상담을 요청한 학생들이 무엇을 하고 싶은지 모르겠다며 답답해하면 저는 학생이 가고 싶거나 선호하는 대학 하나를 말하도록 합니다. 그리

---

3) 최형규, "평등 · 획일화… 한국교육 미래와 정반대로 가", 중앙일보 (2007.09.20.)

고 해당 대학교의 학과별 모집 인원 표를 출력해 학생에게 건네줍니다. 어느 대학이든 학과별 모집 인원 표는 보통 A4 크기에 맞춰서 양면으로 1~2장 안에 출력할 수 있습니다. 그리고 다음과 같이 말합니다.

"이게 A 대학교에 있는 학과들이야. 옆에 쓰여 있는 숫자는 그 학과가 각 전형에 따라 선발하는 학생 수를 뜻하는 거란다."

"꽤 많이 뽑네요!"

"그렇지? 이 중 마음에 드는 학과를 찾아볼까?"

"그런데 몇몇 학과의 이름이 좀 생소해요."

"그럴 수 있어. 생소한 이름의 학과에서 어떤 걸 배우는지 물어보면 내가 알려줄게."

"제가 이 중 어떤 학과를 좋아하는지 모르면 어떻게 하나요?"

"네 말대로 우리는 어떤 학과가 좋은지 아직 알 수 없어. 그러니 대신 싫은 학과를 지워볼까? 괜찮으니 나랑 맞지 않을 것 같은 학과를 과감하게 지워보는 거야. 조금만 지워도 되고 많이 지워도 돼. 선택은 네 몫이란다. 이제 시작해 볼까?"

실제 이 활동을 진행했을 때 "저는 이것도 못 하겠어요."라고 말하는 학생은 드뭅니다. 자신이 어떤 음식을 좋아하는지 말하는 건 어색해해도 "오이랑 당근은 싫어요."라고 말하는 건 할 수 있듯이 전공하고 싶지 않은 과목이 학생들 마음속에 몇 개쯤은 있기 때문입니다. 이제 지워진 학과를 제외하면 남은 학과의 특성이 어느 정도 보이게 됩니다. 공과대학 계열이 많이 남아 있을 수도 있고 미디어나 경영 계열이 많이 남아 있을 수도 있습니다. 반대로 그런 계열의 학과들이 모두 지워져 있을 수도 있습니다.

우리가 알고자 하는 것이 바로 이 부분입니다. 학생이 싫어하는 학과를 지우고 난 뒤 남은 학과를 찾아내면 앞으로 대학이나 학과를 잘못 선택해 실패할 확률을 줄일 수 있습니다.

전공하고 싶지 않은 학과를 지우고 나면 이제 남은 학과 중 배웠을 때 재밌을 것 같다고 생각하는 학과를 5개 이내로 함께 찾습니다. 이때 각 학과의 대략적인 특성을 어느 정도 알려주면 좋습니다. 찾았다면 이 5개 이내의 학과의 홈페이지를 찾아 대학 생활 내내 배우는 강좌명과 커리큘럼을 확인합니다. 4년간 어떤 내용을 배우는지에 대한 정보가 바로 여기에 있습니다. 대학 전공 강좌명만 소개되어 있기도 하지만 그 정도만 해도 충분합니다. 우리가 알고자 하는 건 이 전공에 관한 구체적인 내용이 아니라 '아이가 흥미를 느낄 수 있는 것인가?'에 관한 것이기 때문입니다. 해당 학교나 학과를 소개하는 홍보 영상을 찾아봐도 도움이 됩니다.

16년째 고등학교에서 상담하며 앞에서 소개한 대학 전공 관련 활동에 무기력한 자세로 일관하는 학생은 거의 보지 못했습니다. 하지만 이 활동을 통해 자신이 공부하는 이유와 의미를 찾고 앞으로 열심히 해보겠다고 다짐하며 돌아간 학생들은 정말 많이 보았습니다.

제가 이 활동을 강력하게 추천해 드리는 이유입니다.

③ 미래에 원하는 모습을 구체적으로 시각화하라

시각화는 수많은 성공학 책에서 단골로 언급되는 단어 중 하나입니다. 여기서 시각화란 자기가 원하는 모습을 눈에 보이듯 떠올리는 것을 뜻합니다.

간단하게 시각화를 연습해 보겠습니다.

수학 성적이 너무 낮아 간절히 오르기를 바라시나요?

그렇다면 다음 시험에서 20점을 올린 자기 모습을 상상하세요!

영어 성적이 낮아서 힘드신가요?

그렇다면 영어 시험에서 만점을 받은 자기 모습을 상상하세요!

지구과학 성적이 낮아서 어려움을 느끼시나요?

그렇다면 반에서 가장 높은 지구과학 성적을 받은 자기 모습을 상상하세요!

주의할 점이 있습니다. 마치 눈앞에 보이는 것처럼 매우 구체적으로 상상해야 한다는 겁니다. 높은 성적을 실제로 받았을 때 어디에 있었는지, 주변에 누가 있었는지, 그들이 뭐라고 말해줬는지, 어떤 기분을 느꼈는지 구체적으로 떠올려야 합니다. 시각화를 통해 떠오른 생각과 감정을 빈 종이에 적는 것도 큰 도움이 됩니다. 중요한 건 구체적으로 시각화한 뒤 이 감정을 오래 간직하기 위해 꾸준히 실천해야 한다는 것입니다.

무의식에 시각화를 통해 성공을 자꾸 주입하게 되면 뇌에서 이를 조금씩 받아들이기 시작합니다. 그리고 성공을 위해 해야 할 일을 몸이 실천할 수 있도록 돕기 시작합니다. 자기도 모르게 높은 성적을 받기 위해 필요한 행동을 실제로 하게 됩니다. 따라서 시각화를 꾸준히 실천하고 나면 더 이상 아무 생각 없이 엎드려 자거나 무의미하게 행동하는 시간이 줄어들고 목표를 위해 꾸준히 노력하는 시간이 늘어나게 됩니다. 하지만 피곤하다고 느끼는 시간은 오히려 줄어듭니다. 그러니 당연히 전보다 원하는 성적을 받을 확률이 높아질 수밖에 없습니다.

앨빈 토플러의 말처럼 우리 학생들은 여전히 미래에 필요하지 않은 것들에 대해 계속해서 배우고 있는지도 모릅니다. 하지만 세상에 필요 없는 공부는 없습니다. 필요하다는 건 상대저이면서도 주관적인 개념이기 때문입니다. 누구든 행복하기 위해 공부하고 일합니다. 저는 교육자로서 학생들이 자신이 그토록 원하던 공부를 하기를 바랍니다. 성적을 올리는 것보다 더 중요한 건 학생들이 무엇을 좋아하고 무엇을 하고 싶은지 아는 것입니다. 따라서 무엇을 좋아하고 무엇을 하고 싶은지에 대한 생각이 명쾌하지 않다면 적어도 무엇을 하기 싫은지에 대한 인식을 학생 스스로 분명히 갖길 바랍니다. 그래야 학생의 공부에 관한 근본적인 관점이 새롭게 바뀔 수 있으며 학교에서도 더 즐겁게 생활할 수 있습니다.

왜 공부하는지 잘 몰라 힘들어하는 학생이라면 '왜 공부하는지 학생 스스로 묻고 답하기', '원하는 대학과 학과 구체적으로 파악하기', '미래에 원하는 모습 구체적으로 시각화하기'를 꼭 기억하고 실천하시길 바랍니다.

왜 의대에 가려는지
진지하게 고민하라

—

의사의 책임감에 공감하는 것,

방대한 공부량과 스트레스를 감당하는 것,

대학에 들어가 대학 생활을 이어 나가는 것

모두 학생 자신의 몫입니다.

Episode: 하나 어머니
- 의대에 보낼 수만 있다면 뭐든지 할 거예요

결국 오늘 학원 하나를 더 보내기로 하고 미리 결제했다. 선착순 마감인 데다가 아무래도 과학 과목에 더 신경 써야 할 것 같아서이다. 우리 하나가 워낙 열심히 하니 아직 내신 성적이 잘 나오기는 하지만 한 과목이라도 성적이 떨어지면 의대 수시를 쓸 수가 없으니 걱정이 크다. 얼마 전 받은 입시 컨설팅에서 남은 2년 동안 한 과목이라도 2등급을 받았다가는 의대 합격이 힘들 수 있으니 전 과목 내신 성적을 잘 관리해야 한다는 이야기를 들었기 때문이다. 순간 하나가 유일하게 과학만 학원에 안 다니고 있다는 게 떠올랐다. 의대만 들어가면 모든 게 해결되는데 정말 큰일 날 뻔했다.

정신이 번쩍 들어 엄마로서 해줄 건 다 해줘야겠다 싶었다. 나중에 엄마 때문에 의대 못 들어갔다는 말 들으면 안 되지 않은가? 하나 친구 대부분이 전 과목 학원에 다니고 있는 건 물론이고 수학 학원을 단원별로 나누어 다니기도 한다는데 그런 아이들 속에서 고등학교 1학년 내내 한 번도 과목별 1등을 놓쳐본 적이 없으니 정말 고마워해야 할 일이다.

이대로 2년만 더 버텨서 전 과목 내신 1등급을 유지하기만 한다면 의대는 합격한 거나 다름없다. 그러면 우리 가족 모두 이렇게 고생하는 걸 보상받을 수 있을 것이다. 하나가 요즘 "엄마, 의대 꼭 가야 해? 지금 로봇이 의사를 대체하고 있대. 의사보다 다른 직업을 가져야 하는 게 아닐까?"라고 말하지만 그건 세상 물정 모르고 하는 소리다. 아무리 많은 직업을 로봇이 대체한다 해도 의사는 의사다. 어른이 되어서 의사가 되면 엄마 마음을 이해하게 되겠지.

지금은 전 과목 1등급 유지를 목표로 모든 걸 집중해야 한다. 오늘 수학 학원에서 돌아오면 과학 학원 하나 더 결제했다고 말해줘야겠다. 지금까지 잘해 왔으니 당연히 2년 더 할 수 있다. 학교 선생님과 학원 선생님 모두 하나가 이렇게 꾸준히 2년만 더 유지하면 의대에 충분히 들어갈 거라고 하시지 않던가!

우리 하나, 반드시 의대에 보낼 것이다.

Episode: 하나
- 난 지금 내 마음을 치료해 줄 의사가 필요해요

잠시 휴대전화 볼 시간도 없이 학교 공부에 학원까지 다녀오니 오늘도 12시가 훌쩍 넘었다. 오늘 잔뜩 받아온 학원 숙제는 또 언제 해야 하는 걸까? 다음 주에 볼 국어랑 영어 수행평가 준비도 서둘러야 하는데 큰일이다. 모든 고등학생이 나처럼 이렇게 사는 걸까? 어떻게든 버티고 있다는 말밖에 더 할 말이 없다.

오늘도 간신히 하루를 보냈는데 밤에 잠깐 만난 엄마의 한마디는 나를 경악하게 만들었다. 이렇게 온종일 공부에 치여 살고 있는데 과학 학원을 또 하나 등록했다나? 도대체 언제까지 이렇게 공부하는 기계가 되어야 하는 걸까? 가슴 한쪽에 커다란 구멍이 생긴 것만 같다. 엄마는 의대가 코앞에 있다며 할 수 있다는 말만 되풀이했다.

그래. 어떻게든 또 다니겠지. 앞에서는 정신없이 떠들고 나는 또 멍하니 그 수업을 듣고 있겠지. 만약 의대에 합격한다 해도 난 또 그 안에서 지금처럼 기계처럼 공부만 하고 살겠지. 의사가 되어야 할 테니까. 어차피 엄마를 설득할 방법은 없다. 내가 무슨 말을 해도 의대라는 목표만을 강조하는 게 우리 엄마니까. 세상이 너무 빠르게 변해서 미래에는 의사도 신통치 않은 직업이 될 수 있다는 글을 보고 엄마에게 한 번 이야기했다가 한동안 핀잔을 들어야 했다.

"그게 지금까지 너한테 투자한 엄마한테 할 소리니? 세상 물정을 아무리 몰라도 그렇지. 의사라는 직업이 어떤 직업인데 네가 엄마한테 어떻게 그런 말을 할 수 있니?"

어쩌면 엄마 말이 맞을지도 모른다. 숨도 제대로 못 쉴 지경이지만 앞으로 이 생활을 2년만 더 하면 세상 모두가 인정해 주는 의사가 될 수 있을지도 모른다. 하지만 엄마는 모른다. 내게는 미래 직업으로서의 의사가 아닌 지금 당장 죽어가는 나를 살릴 의사가 필요하다는 걸.

친구들은 시험 때마다 내 성적을 물어보고 제발 한 과목이라도 떨어지기를 간절히 바라고 있다. 앞에서는 친한 척하면서 내가 없는 곳에서는 내 성적이 언제까지 이렇게 이어질지 두고 보자며 이를 가는 아이들이 많다는 것도 잘 안다. 그래야 자신들이 1등급을 차지할 테니까. 그래야만 "그러면 그렇지. 내가 그럴 줄 알았어."라며 한껏 비웃을 수 있을 테니까.

엄마는 학원에 보내면 된다고 생각하지만 1학년 수학과는 정말 차원이 다른 2학년 수학 난이도 때문에 요즘 어쩔 수 없는 한계를 느끼고 있다. 심지어 과학은 강의를 들어도 한 번에 이해하기 너무 힘들다.

난 이미 알고 있다. 이번 시험부터는 더 이상 상위권에 머무를 수 없다는 것을.

이번 학기가 지나고 나면 친구들은 비웃고 엄마는 좌절하겠지. 떨어진 성적표를 받으면 나는 어떻게 해야 할까? 차라리 성적표가 나오기 전에, 엄마가 성적표를 찢어버리기 전에 내가 먼저 사라지는 게 더 빠르지 않을까?

Secret: 16년 차 고등학교 선생님
- 진심으로 의사가 되고 싶은지 스스로 물어보세요

① 의대에 정말 가고 싶은 게 맞는지 자문하라

의대 정원 확대는 2024년을 목전에 앞둔 지금 가장 활발하게 논의되는 교육 이슈 중 하나입니다.

"수능 반수생 9만 명 '역대 최대', 의대 정원 확대하면 더 늘 것", JTBC 뉴스 (2023.10.22.)

"의대 정원 1천 명 늘면 SKY 자연 계열 절반 의대 합격권", 국민일보

(2023.10.23.)

"의사 2만 명 부족해진다, '의대 정원 최소 1천 명 늘려야'", 한겨레

(2023.10.23.)

"서울대 총장 '의대 증원 시 쏠림 현상 우려, 정책 지원 필요'", 뉴스1

(2023.10.24.)

"'정원 89% 지역 학생 뽑겠다'는 지방 의대, 100%도 꺼냈다", 중앙일보

(2023.10.24.)

　의대 정원 확대를 다룬 전체 기사는 이보다 훨씬 많아 다 세기도 쉽지 않을 정도입니다. 요즘 전국 모든 학과를 통틀어 가장 인기 있는 학과가 바로 의예과입니다. 이처럼 의사가 대한민국에서 가장 선호도 높은 직업 중 하나라고 해도 과언이 아닌 상황에서 1천 명 넘게 증원할 거라고 하니 온갖 기사가 쏟아져 나오는 것입니다. 아직 구체적인 증원 인원수는 알 수 없지만 지금까지 분위기를 봤을 때 실제 증원까지도 이뤄질 수 있을 거로 보입니다.

　수험생이라면 누구나 꿈꿔봤을 법한 의대생이지만 실제 의대생이 될 수 있는 학생은 극소수에 불과합니다. 중학교에서 최상위권 성적을 받던 학생들도 고등학생이 되어 점차 수능을 치를 시기에 가까워질수록 성적 하락을 몸소 체험하며 좌절하게 됩니다. 의대생이라는 꿈을 포기하고 성적에 맞춰 다른 학과를 지원해야 함을 인정하게 됩니다. 실패라는 지독

하게 잔인한 현실과 마주하게 되는 것입니다. 이처럼 이상과 현실의 괴리를 느낄수록 학생들은 점차 좌절감과 무기력감에 빠지게 됩니다. 최근에는 서울대, 고려대, 연세대와 같은 소위 명문 대학교에 입학하고 나서도 의예과에 들어가기 위해 휴학 후 수능을 한 번 더 준비하는 학생들을 많이 발견할 수 있습니다.

"앞으로 원하는 진로가 있니?"
"네. 저는 꼭 의대에 가고 싶어요."
"언제부터 의대에 가고 싶다고 생각했니?"
"중학교 1학년 때부터 생각했어요."

이제 갓 고등학교에 들어왔음에도 의예과가 있는 구체적인 대학명까지 언급하는 학생들이 생각보다 많습니다. 입학 초반부터 정말 열심히 공부하는 학생도 꽤 많습니다. 하지만 문제는 현실입니다. 의예과는 재수생과 반수생을 포함해 수능을 보는 모든 학생이 성적만 가능하다면 가고 싶은 학과라고 해도 무방할 정도로 인기가 높습니다. 초등 의대 반이 기승을 부리고 명문대에 입학한 학생들도 다시 의대에 입학하기 위해 재수, 삼수하는 최근 사회 분위기만 봐도 알 수 있습니다. 그러다 보니 최상위 학생이 모인 집단 내에서 다시 최상위권에 들 정도의 우수한 학생이 아니라면 고등학교 졸업 이후 바로 의대에 진학하기 정말 어렵습니다. 여기서 현실과 이상의 괴리가 발생합니다.

또 다른 문제도 있습니다.

"의대에는 왜 가고 싶니?"

"사실 처음부터 의대에 가고 싶었던 건 아니었어요."

"왜 의대에 가기로 한 거니?"

"부모님께서 의대에 가기를 바라셨거든요. 그런데 저도 생각해보니까 열심히 공부해서 들어가면 좋을 것 같아요. 그래서 의대에 가고 싶어요."

사람을 살리고 싶어서, 의사라는 직업의 숭고함을 알고 있어서, 생명 존중을 실천하기 위해서 원한다는 학생들도 간혹 있기는 하나 정말 드뭅니다.

"의대는 안 갈 거예요."

처음에는 이렇게 말했던 학생들도 모의고사 성적이 오르고 내신 성적이 의대에 갈 정도로 높아지면 더 이상 의대에 가기 싫다고 말하지 않습니다. 예전에 어른들이 말하던 서울대라는 단어의 상징적 의미가 요즘 아이들과 학부모님께는 의대로 옮겨간 느낌입니다.

그런데 이렇게 부모님 의견에 따라 의대를 희망하는 학생일수록 성적이 한번 떨어지고 나면 걷잡을 수 없이 떨어지는 상황이 빈번하게 발생

합니다. 왜일까요? 의대에 스스로 간절히 원해서 가려던 게 아니니 성적이 떨어졌을 때 그만큼 쉽게 포기하는 것입니다. 따라서 의대에 가고 싶다는 지금의 생각을 자기 스스로 하게 된 것인지, 아니면 누군가의 강요나 제안에 따라 하게 된 것인지 객관적으로 파악하고 점검할 수 있어야 합니다. 스스로 의대에 가고 싶어 공부하고 있다는 확신이 있어야만 고학년이 될수록 점점 더 방대해지는 학습량을 감당할 수 있습니다.

② 의대의 미래 가치를 객관적으로 파악하라

의대에 들어가면 대한민국에서의 사회적 지위가 올라갈 수 있습니다. 주변 사람들로부터 좋은 평가를 받을 수 있고 돈도 그만큼 많이 벌 수 있습니다. 자신의 직업적 만족도가 높아지고 삶의 질도 높아질 수 있습니다. 그런 의미에서 저는 의대를 목표로 하는 학생들의 의견을 충분히 존중하고 어떻게 해야 의대에 들어갈 수 있는지 최선을 다해 알려줍니다. 하지만 제가 알려줄 수 있는 건 의대 입시와 진학에 관한 지식, 그리고 성적을 올리기 위한 공부법뿐입니다. '왜 의대에 들어가야 하는가?'에 대한 답은 오직 학생 자신만이 할 수 있습니다.

정말로 의대에 들어가면 모든 게 좋아질까요? 현재 고등학생인 아이들이 의사가 된 미래에도 사회적 지위가 올라가고 좋은 대접을 받을 수 있으며 돈도 많이 벌 수 있을까요?

하버드 의과대학은 2019년부터 새로운 교육과정을 도입했습니다.[4] 새 교육과정은 세 가지 특징을 가집니다. 교육 기간 배치의 변경, 학생 연구 강화, 새로운 학습 방법 도입이 그것입니다. 하버드 의과대학에서는 1학년 때 기초의학과 임상의학에 관한 강의를 모두 마치고 2학년 때 임상 실습을 진행합니다. 이는 과거보다 7개월 일찍 시작하는 것이며, 한 환자를 장기간 돌보면서 병의 처음부터 끝까지 보게 함으로써 동료들과의 관계 경험을 중요하게 여기도록 하기 위함입니다. 또한, 학생들의 연구력을 높일 수 있는 강력한 프로그램을 트랙으로 도입해 운영함으로써 학생 연구를 강화하였습니다. 'Flipped Learning'이라는 새로운 학습 방법을 도입한 것입니다. 'Flipped Learning'을 통해 학생들은 소그룹 단위로 나뉘어 문제 해결 중심의 지식 적용 토론을 하며 교수는 그런 토론을 지도하고 평가합니다.

이것이 의미하는 바가 무엇일까요?

앞으로 의사가 하는 일의 상당수를 인공지능이 대체한다는 걸 하버드 의과내학이 인정했음을 뜻합니다. 또한, 의학적 지식을 적용하는 의사가 아닌 현장에서의 다양한 문제를 해결할 수 있는 의사를 배출하고자 한다는 걸 의미합니다. 향후 의사가 인공지능에 지시하는 의사와 인공지능의 지시대로 움직이는 의사로 나뉘게 될 것임을 시사하기도 합니다. 이미 한국에서도 가천대 길병원이 2016년에 국내 최초로 IBM사의 인공지능

---

4) 전우택, 「의학교육의 변화와 과제」, 대한의학회 E-NEWSLETTER NO.79 (2017.01.)

암 치료 프로그램인 '왓슨 포 온콜로지'를 도입해 인공지능 암센터를 운영[5]하고 있습니다. 한국 의료계 또한 인공지능 의사와의 동행을 시작한 것입니다.

사람들은 앞으로 인공지능 의사와 인간 의사 중 누가 더 유능하다고 생각할까요? 누구에게 수술받는 게 더 안전하다고 여길까요? 아직은 인간 의사를 더 신뢰할지도 모릅니다. 하지만 인공지능 의사의 유능함이 입소문을 탈수록 그 믿음은 점점 더 인공지능 의사에게 옮겨갈 가능성이 큽니다. 이러한 현실을 전혀 고려하지 않고 그저 편한 삶이 보장되었다는 이유로 의대에 지원했다가는 인공지능의 지시를 받아 그대로 행동하는 의사로 전락할 수 있습니다. 따라서 의대에 지망하는 학생이라면 누구든 앞으로 의사라는 직업의 사회적 위치와 책무가 어떻게 달라질지 진지하게 고민하고 객관적으로 파악해야 합니다.

③ 의사의 책임감을 공감하고 감당하라

자녀를 의대에 꼭 보내고 싶으신 분이라면 반드시 자녀와 함께 이국종 교수의 책『골든 아워』를 먼저 읽어보시기를 권해드립니다.

『골든 아워』두 권의 책에서 이국종 교수는 시종일관 어두운 분위기로 이야기를 풀어나갑니다. 이국종 교수와 함께 일하는 의사와 간호사는 매일매일 쏟아져 들어오는 죽어가는 사람들의 생명을 살리기 위해 고군분

---

5) 장윤서, "왓슨 포 온콜로지, 다학제팀과 일치율 93%", 조선비즈 (2021.01.07.)

투합니다. 매일 병원에 들어오는 중증 환자를 살리기 위해 피를 뒤집어쓰고 제대로 잠도 자지 못하며 중증외상센터를 건립하기 위해 자존심을 버리고 이곳저곳에 호소하기도 합니다. 하지만 병원에 오는 사람 모두를 살리지 못해 죄책감을 느끼고 계속되는 적자로 인해 병원의 눈치를 보며 중증외상센터 건립과 운영으로 인한 온갖 오해와 괄시를 받게 됩니다. 그것도 모자라 함께 일하던 간호사는 지나친 과로로 인해 쓰러지고 헬기로 함께 비행하던 소방항공대 정비사는 노후화된 헬리콥터와 함께 추락하는 사고를 당합니다.

저는 이 책에서 외과 의사라는 이유로 이국종 교수가 느껴야 하는 지독한 책임감을 절실히 느꼈습니다. 의사의 사명감과 책임감이 얼마나 무겁게 느꼈을지 생각하며 안타까워했으며, 사람의 생명을 구한다는 게 얼마나 경이로운 일인지 생각하며 고마움을 느꼈습니다.

따라서 의사가 되고자 하는 학생이라면 현장에서 느끼는 병원이라는 공간이 어떤 곳이고 사람을 살린다는 게 어떤 의미인지 꼭 생각해 보아야 합니다. 부디 학생들이 외과에 안 갈 거라고 미리부터 단정 짓지 않았으면 좋겠습니다. 저 또한 사람을 살리는 일에 진심인 의사에게 진료받고 싶기 때문입니다. 항상 학생을 위하는 마음으로 진심을 담아 대하는 선생님을 찾고 싶어 하시는 게 학부모의 마음이듯이 진심으로 환자를 위해 최선을 다할 줄 아는 의사를 만나기를 바라는 게 환자 가족의 마음이라는 걸 기억해 주셨으면 합니다.

다시 에피소드에서의 하나 이야기로 돌아오겠습니다. 저는 하나와 같은 학생이 찾아오면 많은 공부량과 성적 하락에 대한 불안감 중 어떤 게 더 스트레스로 다가오는지 먼저 물어봅니다. 일반적으로는 후자인 경우가 대부분입니다. 만약 성적 하락으로 인한 불안감에 더 큰 스트레스를 느끼는 학생에게 모든 학원을 다 끊으라는 처방을 내리면 어떻게 될까요? 분명 더 큰 불안감을 느끼며 상황이 전보다 더 안 좋아질 것입니다. 따라서 무조건 공부량을 줄이기보다 학생이 느끼고 있는 심리적 불안감부터 먼저 해결해야 전보다 나아질 수 있습니다.

의대에 가고 싶은 학생이라면 의사로서 가져야 할 책임감에 공감할 수 있어야 하며 학업에 대한 그 어떤 스트레스도 감당할 수 있어야 합니다. 의사의 책임감에 공감하는 것, 방대한 공부량과 스트레스를 감당하는 것, 대학에 들어가 대학 생활을 이어 나가는 것 모두 학생 자신의 몫입니다. 이 길이 진정 자기가 가야 할 길인지 진지하게 고민하고 결정하시길 바랍니다.

"강력한 이유는
강력한 행동을 낳는다."

윌리엄 셰익스피어
William Shakespeare

공부의
본질에
몰입하라

—

진짜 소중한 가치는 학생의 내면에 들어 있습니다.
따라서 대학 입시 또한 목표가 아닌
자기 꿈을 이루기 위한 하나의 과정으로 이해해야 합니다.

Episode: 찬우 어머니
- 내신 성적 떨어졌다고 공부를 안 하겠대요

1학년 때까지만 해도 이 정도는 아니었다. 중학교 때까지는 수학도 곧잘 했고 영어도 남들 하는 만큼은 했었다. 그런데 1학년 때 한참을 놀더니만 2학년 여름방학이 된 지금 와서 1학기 때 학교에서 배웠던 과목 내용, 학원에서 미리 예습한 과목 내용 모두 무슨 말인지 하나도 모르겠단다. 그리고 어차피 내신은 망했다나?

"작년 내신은 망하지 않았잖아!"

참다못해 버럭 소리를 질렀더니 찬우가 대답한다.

"나 2학년 1학기 내신이 5점대래, 5점대. 선생님께서 이 내신으로는 갈 대학이 없다고 하셨어. 그러니 이미 끝나버린 내신을 어떡하겠어? 다른 길이 분명히 있을 테니 이제 좀 찾아보려고."

"찬우야. 수능 시험 봐서 대학 가면 되잖니? 요즘 정시 전형으로 뽑는 인원이 많이 늘었대. 정시 전형으로 가면 되잖아?"

"학교에서 정시 준비를 해줘? 안 해주잖아. 우리 지금 배우는 수학 진도를 이번 학기까지 다 배울 수 있을지도 모르겠어. 나를 포함해 친구들 대부분이 잘 못 알아들으니 선생님 설명 시간이 길어지고 있어. 코로나 때문에 학교 일정이 늦춰지니 배워야 할 진도도 자꾸 미뤄진다고. 학원 숙제하는 것도 버거운데 학교에 매번 제출해야 하는 수행평가 과제물까지 너무 많아. 그런데 난 내신으로 대학 못 간다잖아."

찬우의 말은 점차 울먹임으로 바뀌고 있었다.

"내신으로 대학 못 간다는데 학원 숙제는 왜 해야 하고 학교 수행평가는 왜 봐야 하는 거야? 내신 2점대는 돼야 내가 가고 싶은 대학에 원서를 넣을 수 있다는데 5점대 내신 성적이면 이미 늦은 거 아냐? 또, 수능 시험 준비는 학교에서 할 수가 없으니 학원에서 해야 하는 거잖아? 엄마는 내가 학교에 안 다니고 학원만 가기를 바라는 거야? 그걸 바라는 거라면 나 학교 자퇴하고 검정고시 볼래. 그런데 검정고시를 본다고 해도 벌써 고2인데 지금 와서 수능 공부한다고 뭐가 달라지겠어? 돈만 버릴 것 같다고! 나도 잘하고 싶어. 잘하고 싶다고! 근데 안 된다잖아. 엄마는 내가 어떻게 하면 좋겠어?"

가슴이 먹먹해졌다. 사실 가장 힘든 건 찬우 자신일 것이다. 저도 얼마나 힘들면 엄마한테 저렇게까지 이야기하겠는가? 한동안 아무 대답도 하지 못하고 가만히 찬우 얼굴만 바라볼 수밖에 없었다.

"저 잠깐만 나갔다 올게요. 바람만 쐬고 올 테니 걱정하지 마세요."

혼자 조용히 나가는 찬우 뒷모습이 유독 쓸쓸해 보였다. 우리는 이제 앞으로 어떻게 해야 하는 걸까? 안타깝고 답답하다.

Episode: 찬우
- 어차피 이 내신으로 갈 수 있는 대학이 없잖아요?

"찬우 너 요즘 괜찮은 거니? 수행평가도 이렇게 백지로 내고. 무슨 일 있는 거니?"

얼마 전 수학 선생님께서 부르시더니 괜찮은 거냐고 물어보셨다. 별일 없다고 할 수밖에. 딱히 더 할 말이 없었다. '이 시험은 제게 별 의미가 없어서요.' 이렇게 답할 수도 없고 말이다.

2학년 1학기 지필평가에서 수학, 영어, 심지어 과학까지 모두 전체 평균 점수 이하의 성적을 받았다. 국어만 간신히 평균 조금 넘은 성적이었다. 그래도 1학년 때까지는 나쁘지 않았었는데 2학년이 되자 배우는 내용이 너무 어려워 이렇게까지 성적이 떨어진 것이다.

'지필평가를 망친 상황에서 수행평가가 무슨 소용이 있을까?'

주변을 돌아보니 이미 나 말고도 수행평가 시험지를 백지로 제출한 친구들이 태반이었다. 내가 조금 늦게 그 대열에 합류한 것일 뿐 극소수의 친구를 제외하고는 우리 반 아이들 모두 나와 같았다.

'나만 그런 건 아니잖아? 애들 대부분 포기했는걸.' 다행히 마음이 놓였다.

하지만 결국 담임 선생님께서 교무실로 부르셨다.

"찬우야. 1학년 때까지 괜찮더니 이번 수학 수행평가를 거의 백지로 내버리면 어떡하니? 수학 선생님께서 이제 찬우까지 포기한 것 같다며 걱정이 많으시더라. 5등급 대 내신 성적으로는 좋은 대학에 수시로 들어가는 게 너무 힘들어져. 다시 올려보자. 알았지? 이미 내신에 신경 쓰지 않는 친구들이 많으니 조금만 더 노력하면 다시 예전 성적을 되찾을 수 있을 거야."

선생님께서는 좋은 마음으로 말씀하셨지만 내 머릿속에는 좋은 대학에 수시로 들어가는 게 힘들다는 문구 하나만 잔상처럼 남았다.

'내신을 제대로 망쳤구나. 대학에 진짜로 못 가겠구나.'

솔직히 떨어진 내신 성적만 문제인 게 아니었다. 고등학교 생활 내내 하고 싶은 게 뭔지도 모르겠고 공부하고 싶은 마음도 들지 않았다.

'이왕 이렇게 된 거 솔직하게 말씀드리자.'

결국 선생님의 말씀을 들은 그날 저녁에 엄마께 내신을 망쳤으니 이제 더 이상 공부하지 않겠다고 선언했다. 엄마는 그건 말도 안 된다며 수능 시험을 준비하자고 하셨다. 하지만 여태껏 수시전형만 생각해온 나로서는 지금 와서 정시 준비를 하자는 엄마 말이 귀에 들어오지 않았다.

'모든 게 귀찮다. 아무것도 하고 싶지 않네.'

불안감과 귀찮음, 열등감과 분노가 한데 뒤엉켜 점점 더 머릿속을 꽉 채우고 있는 게 느껴졌다.

'안 되겠다. 잠시 산책하러라도 나가야지. 너무 지치고 힘드네.'

힘없이 집을 나서며 다른 애들도 이렇게 힘들게 지내고 있는 긴지 물어봐야겠다고 생각했다.

Secret: 16년 차 고등학교 선생님
- 내신 공부와 수능 공부는 다르지 않아요

① 평가의 본질을 이해하라

학교에서는 상당수의 과목별 지필평가를 상대 평가로 진행합니다. 모두가 1등급을 받으면 정말 좋겠지만 현실은 과목별 상위 4% 학생들에게만 1등급을 허용합니다. 1등이 있으면 꼴찌도 있기 마련입니다. 그리고 1등과 꼴찌가 존재하는 것이 바로 내신이라고 불리는 학교 시험의 큰 특징 중 하나입니다.

'상대 평가만 사라져도 학생들의 학습 부담이 줄어들고 조금 더 양질의 교육을 공급할 수 있지 않을까요?'

상대 평가를 하지 않으면 학교 교육이 구조적인 학교 내에서의 줄 세우기 논란에서 훨씬 자유로울 수 있습니다. 1등과 꼴찌를 굳이 나누지 않아도 학생들을 평가하는 방법은 꽤 많이 존재합니다.

2025년에 전국에서 동시에 시행될 예정인 고교학점제는 우리가 지금까지 겪어 왔던 이와 같은 문제의식에서 비롯된 정책입니다. 학생이 공부하고 싶은 과목을 스스로 선택하고 자신의 진로에 맞는 공부를 할 수 있도록 하자는 게 고교학점제의 취지[6]이기에 상대 평가를 최소화하고 절대 평가를 활성화함으로써 교육의 목표를 달성하고자 합니다.

　그렇다면 이렇게 좋은 절대 평가를 두고 왜 지금까지 학생들이 고통스러워하는 상대 평가를 시행했을까요? 대한민국은 6 · 25 전쟁 이후 단기간 내에 성장하기 위해 최선의 노력을 다해야 했습니다. 재건해야 할 산업이 많았고 교사 수는 적었으며 가르쳐야 할 학생 수는 많았습니다. 전반적인 학력이 낮았기에 빠르게 끌어올려려 했고 이를 이루기 위해서는 절대 평가보다 상대 평가가 훨씬 유용했습니다. 하지만 현재의 대한민국은 전 세계가 인정하는 선진국이면서도 2022년 기준 출산율 0.778로 OECD 국가 중 가장 낮은 출산율을 기록했습니다.[7] 2022년 기준 OECD 국가 중 출산율이 1이 되지 않는 나라는 대한민국뿐입니다. 따라서 국가 보존을 위해서라도 급변하는 시대에 어울리는 창의적인 인재 양성이 절실합니다. 다가오는 미래에 상대 평가가 더 이상 필요하지 않은 이유입니다.

　상대 평가는 학교 내에서 높은 등급을 받기 위한 학생들의 불필요한 경쟁을 유발하고 경쟁에서 밀린 학생들의 학습 의욕을 떨어뜨립니다. 내신 5등급의 성적으로는 흔히 말하는 좋은 대학에 들어가기 어려운 게 지

---

6)　고교학점제 홈페이지, "정책 소개", https://www.hscredit.kr/hsc/intro.do
7)　통계청 국가통계포털, "합계 출산율 통계표('22)" (2023.09.21.)

금의 현실입니다. 문제는 내신 5등급 이하의 성적을 받는 학생 수가 전체 학생 수의 절반이 넘으며 상대 평가 제도를 계속해서 실시하는 한 꼴찌 학생은 반드시 존재한다는 것입니다. 존재할 수밖에 없는 꼴찌 학생의 학업적 무기력감은 상대 평가 제도 아래에서 피할 수 없는 사회 구조적인 문제점입니다. 그리고 이 무기력감은 이 학생이 스무 살이 되고 마흔 살이 되어도 여전히 따라다닙니다.

그러니 매번 발생할 수밖에 없는 꼴찌 학생에게 "너는 노력하지 않았어! 공부를 더 많이 하지 그랬니?"라고 함부로 말해서는 안 됩니다. 학습 의욕이 떨어진 찬우와 같은 학생이 생긴 건 대한민국 교육 제도의 구조적인 문제와 밀접한 관계가 있으며 이는 분명 고교학점제 전면 시행과 같은 정책적인 방안 제시를 통해 구조적 모순을 제거함으로써 해결해야 합니다.

교육 정책은 이렇게나 중요합니다. 하지만 이 중요성 때문에 역설적으로 개선안을 결정할 때까지 많은 고민과 토론을 거쳐야 합니다. 급격한 사회 변화의 속도를 따라가지 못하는 것입니다. 또한, 사회 구성원의 반발로 인해 계획했던 정책을 변경하기도 합니다. 따라서 교육 정책에 관한 문제를 해결할 수 있는 모두가 포용할 만한 정책이 실제 시행되기까지는 꽤 긴 시간이 필요합니다.

문제는 잘못된 정책으로 인해 힘들어하고 고통받는 학생이 이 글을 쓰고 있는 이 순간에도 실시간으로 생겨나고 있다는 점입니다. 그러니 학교 현장에 있는 교사가 단순하게 '이건 구조적인 문제야. 정책이 해결해야 해!' 하고는 뒷짐 지고 빠져 있을 수도 없습니다.

찬우와 같은 학생이 제게 상담을 요청하는 경우 저는 삶의 본질에 관해 말하고자 노력합니다.

"네가 앞으로 하고 싶은 게 뭐니?"

"지금 고등학교에서의 시간이 네게 어떤 의미를 갖니?"

"대학에 가면 지금 겪는 모든 문제가 해결될 거로 생각하니?"

이 질문을 받는 대다수 학생이 다음과 같이 대답합니다. 정말 동시에 짠 것처럼 학생들의 대답이 비슷합니다.

'제가 하고 싶은 게 뭔지 정확히 모르겠어요.'

'고등학교에서의 시간이요? 그냥 시간이죠. 어떤 의미를 갖는지 저도 잘 모르겠어요.'

'해결되지 않을 거로 생각해요. 대학이 전부가 아니란 걸 알지만 공부는 해야 하니까요.'

아이가 아닌 어른이라고 해서 자기가 스스로 하고 싶은 게 뭔지 정확히 알고 있을까요? 그렇지 않습니다. 어른들도 자기가 정확히 뭘 원하는지 모른 채 직장에서 생활하고 야근하며 사람들을 만나고 돈을 법니다. 왜 돈을 버는지도 모른 채 돈을 번다는 뜻입니다.

"돈이 많으면 좋으니까요."
"여행 가고 싶으니까요."
"사고 싶은 거 살 수 있으니까요."

하지만 이게 진짜 돈을 버는 근본적인 이유일까요? 답이 'No'라는 건 어른이라면 누구나 알고 있습니다. 내신이 안 나온다며 홀로 집을 나서는 찬우는 카드 값을 갚고 나니 남는 돈이 없어 허탈한 마음에 소주나 한 잔 기울이러 가는 어른과 크게 다를 바 없습니다.

직장인 개개인이 자기 장점을 최대한 발휘할 수 있는 기업 문화 조성이 필요한 것처럼 학교에도 학생 개개인의 개성을 최대한 발휘할 수 있는 교육 정책이 꼭 필요합니다. 하지만 그런 정책 변화가 당장은 이루어질 수 없다는 현실도 받아들여야 합니다. 그러니 주변의 누구든 학생 스스로 진짜로 원하는 자기 모습이 무엇인지 깨달을 수 있도록 적극적으로 도와줘야 합니다. 어른들이 현실의 월급쟁이 생활을 벗어나기 위해 책을 쓰거나 유튜브를 하는 것처럼 학생들 또한 내신 성적이 안 나온다고 공부를 안 하는 게 아니라 진짜 자기 발전을 위해 다시 공부할 수 있도록 도와야 합니다.

제가 상담에 집중하고 학생들과 어떻게든 진심으로 소통하고자 노력하는 게 바로 이러한 이유 때문입니다. 눈앞의 내신 성적은 학생의 본래 모습이 아닙니다. 모의고사 성적도 마찬가지입니다. 진짜 소중한 가치는 학생의 내면에 들어 있습니다. 따라서 대학 입시 또한 목표가 아닌 자기 꿈을 이루기 위한 하나의 과정으로 이해해야 합니다.

부디 많은 학생이 내신 성적이나 입시 정보 대신 자기 내면의 소리에 먼저 집중할 수 있기를 바랍니다.

② 회피가 최선의 대안인지 고민하라

코로나19가 학교에 자리 잡은 뒤 체감하는 변화가 몇 가지 있습니다.

1. 마스크를 벗는 행동에서 수치심을 느끼는 학생들이 생겼다는 것
2. 대다수 학생이 대면 수업보다 온라인 수업을 더 편하게 생각한다는 것
3. 학교가 왜 필요한지 의문을 품는 학생들이 생겼다는 것

대형 학원의 프리패스 강의를 끊으면 대한민국 1타 강사라 불리는 선생님들의 수업을 언제 어디서든 들을 수 있습니다. 스스로 원하는 수업을 골라 들을 수 있는 세상이 된 것입니다. 이런 시대에 굳이 학교에 꼭 와서 듣고 싶지도 않은 수업을 왜 들어야 하는지 도무지 이해할 수 없다

는 게 몇몇 학생들의 반응입니다.

하지만 이 정도로는 공부를 내려놓기로 결심한 행동이 학생에게 도움이 될 거라고 확신할 수 없습니다. 학교 수업이 재미가 없으니까, 들어도 별 도움이 되지 않으니까, 내신을 망쳤으니까 학교에 오지 않아도 괜찮은 걸까요? 만약 자녀가 너무 힘들어 자퇴까지 이야기를 꺼내면 어떤 반응을 보여야 하는 걸까요?

"선생님, 저 자퇴하고 싶어요."

"자퇴? 혹시 무슨 일이라도 있니?"

"아니요. 이미 너무 낮은 내신 성적을 받았으니 학교에 계속 나와야 할 이유가 없다고 생각해요. 이제 정시를 준비해야 하는데 수능에 나오지도 않는 과목의 수행평가나 과제에 시간을 너무 많이 투자해야 하잖아요. 저는 재수하지 않고 좋은 대학이나 학과에 합격하고 싶어요. 그냥 충동적으로 말씀드리는 게 아니에요. 충분히 생각했고 결론은 같아요. 자퇴하고 싶어요."

공부하지 않는 학생만 자퇴를 고민하던 예전과 달리 요즘에는 하루 12시간 이상 혼자 공부하는 시간을 확보할 정도로 공부에 집중하는 학생들도 자퇴를 고민합니다. 원하는 공부를 맘껏 하고 싶은데 학교 수업을 들어야 하니 계획한 만큼의 공부량을 도저히 채울 수 없어 학교를 그만두겠다는 겁니다.

1학년 때부터 좋지 않은 내신 성적을 받은 학생들은 이미 내신 성적을 대입에 유의미하게 활용하기 힘듭니다. 그런데 지필평가와 수행평가 준비에 시간을 써야 하니 학교에 있는 시간이 무의미하게 느껴지고 자퇴해야겠다는 마음을 먹게 됩니다. 하지만 중요한 게 있습니다. 자퇴가 학생의 본질적인 문제점을 해결해주지 않는다는 것입니다. 자퇴한 학생들은 처음 얼마간 집 또는 독서실에서 혼자 공부합니다. 하지만 선생님이나 친구 없이 혼자 자기 일상을 모두 통제하기란 결코 쉬운 일이 아닙니다. 결국 자퇴한 학생 대부분이 제대로 혼자 공부하는 습관을 들이지 못하고 다시 근처 학원에 들어가고 맙니다. 학교에서의 통제가 힘들어 자퇴한 학생들이 다시 통제받기 위해 학원에 들어가는 아이러니한 상황이 발생하는 것입니다.

"제게 필요 없는 수업까지 들어야 해요."

"과제가 너무 많아서 혼자 공부할 시간이 없어요."

"수행평가랑 지필평가가 자주 있어서 제게 필요한 공부할 시간이 부족해요."

성적이 떨어지는 이유를 물었을 때 학생들은 일반적으로 위와 같이 대답합니다. 하지만 성적이 떨어지는 이유는 대부분 외부적 요인보다 내부적 요인 때문입니다. 휴대전화와 태블릿에 뺏기는 시간만 챙겨도 꽤 많은 시간을 확보할 수 있습니다. 그러니 시간이 없다며 회피하기보다 어떻게 하면 낭비하는 시간을 줄일 수 있을지, 열심히 공부하려는 마음을 유지할 수 있을지, 포기하지 않고 최선을 다할 수 있을지부터 먼저 고민해야 합니다.

자퇴든, 교실에서 멍하니 앉아 있는 행동이든, 멍하니 아무것도 하지 않는 행동이든 주어진 문제를 해결하지 않고 방치하는 건 자기 자신에게 절대 좋은 태도가 아닙니다. 따라서 지금부터 당장 나아지려는 노력을 시작해야 합니다.

③ 어디서든 스스로 일상을 통제하라

자기 생활은 바꾸려 하지 않고 주변 환경 탓만 하며 현실을 벗어나려는 학생이 꼭 알아야 할 게 있습니다. 현실의 고통은 스무 살까지만 존재하는 게 아니라는 겁니다. 자기 생활을 스스로 통제하지 못한 학생들은 고등학교 졸업 이후 학교를 벗어났다는 해방감도 잠시, 친구 관계, 대학 진학, 꿈과 목표와 같은 걸 한꺼번에 잃을 수 있습니다. 과연 학교를 자퇴한 학생이 자신의 생활을 스스로 잘 통제할 수 있을까요? 자퇴하려는 학생과의 조금 전 대화를 이어서 살펴보겠습니다.

"나는 자퇴가 나쁘다고 생각하지 않아. 자퇴는 범죄가 아니잖니? 그러니 자퇴에 편견을 가질 필요가 없다고 생각해."

"네. 맞아요. 선생님. 사실 자퇴에 편견이 없다고 말씀하시는 분은 처음 봤어요."

"네 말대로 우리 주변에 자퇴라는 단어에 편견이 없는 사람은 거의 없지. 그런데 사실 네가 말한 이 부분이 상당히 중요해. 나와 넌 자퇴는 나쁜 게 아니라는 걸 너무나 잘 알고 있어. 그런데 사회에서 보는 시선은 보통 그렇지 않단다. 군대에 현역으로 가지 않은 사람들 있지? 그 사람들도 나름의 이유가 있을 텐데 많은 사람이 편견 어린 시선으로 바라보거든."

"맞아요. 군대에 안 갔다고 하면 뭔가 문제가 있는 것처럼 보여요."

"고등학교를 자퇴한 사람에 대한 편견도 그와 비슷하단다. 그리고 그 편견은 네가 나이를 먹어도 따라다니곤 하지. 주변에서 안 좋은 시선으로 보지 않는다 해도 스스로 혹시 누가 자퇴생이라는 걸 알까 봐 전전긍긍하기도 해."

자퇴 이후에 스스로 심리적으로 스트레스를 받거나 편견으로 고통받을 것 같다면 하지 않는 게 낫습니다. 대신 학교에 다니면서 전보다 나아지려고 노력하는 게 훨씬 낫습니다. 저는 그동안 이런 식의 대화로 자퇴하려던 학생들의 마음을 많이 돌렸습니다. 어쩌면 자퇴한 뒤 전보다 더 나은 길을 찾았을지도 모릅니다. 하지만 자퇴는 또 다른 현실 회피가 될 가능성이 큽니다. 만약 자퇴 이후에도 스스로 통제하지 못하는 생활을 한다면 이 학생은 더 이상 회피할 곳이 없습니다. 그리고 막다른 곳에 다다랐다고 생각하는 학생들의 환경은 그 누가 보기에도 위험합니다. 따라서 지금부터 자기 일상을 효과적으로 통제할 수 있는 능력을 키우는 것이 필요합니다.

학교생활이 힘들고 공부하기 싫어서 자꾸 도망가려는 학생의 태도는 과연 잘못된 것일까요? 만약 자신이 교사라면 학생에게 뭐라고 이야기해주고 싶으신가요? 문제는 지금도 여전히 20년 전과 별다른 변화 없이 전국 고등학교 3학년 학생과 재수생, 반수생이 동시에 똑같은 수능 시험을 보며 성적에 따라 서열화된 대학으로 나뉘어 입학하고 있다는 것입니다.

느리고 천천히 변화하는 교육 환경과 다르게 세상은 너무나 빠르게 변하고 있습니다. 직업, 돈, 가치관, 자본 구조, 국제 정세 등 우리의 교육 제도를 제외한 다른 모든 게 빠르게 바뀌고 있지만 학교 선생님들은 여전히 주어진 교육과정대로 시간표에 맞추어 수업하고 학생들은 가만히 앉아 정해진 수업을 듣습니다. 2025년부터는 고교학점제가 전면 시행되어 학생들이 배우고 싶은 과목을 선택하게 되겠지만 이 역시 수능 제도가 전면 개편되고 개선될 때까지 한계가 분명한 제도일 뿐입니다.

따라서 낮은 성적으로 힘들어하는 아이를 무조건 잘못되었다는 시선으로 바라보셔서는 안 됩니다. 부정적인 시선은 아이가 더욱 부정적인 방향으로 다가가도록 도울 뿐입니다. 그보다 그동안 얼마나 힘들었을지 떠올리며 아이의 힘든 감정을 먼저 이해하고 공감하셔야 합니다. 그래야 아이가 더 방황하지 않고 올바른 길로 나아갈 수 있도록 도울 수 있습니다. 지금의 교육 환경은 분명 바뀌어야 합니다. 학생 스스로 행복을 느끼고 성취할 수 있도록 지금보다 더 많이 도와줘야 합니다. 하지만 현재의 교육 환경을 당장 획기적으로 바꿀 수 없는 게 현실입니다. 그러니 회피가 정답이 아니라는 걸 빨리 깨닫고 자기 일상을 효과적으로 통제하는 것부터 시도해 보셨으면 합니다. 공부의 본질을 깨닫고 작은 성취감이라도 얻기를 반복한다면 분명 어제보다 나은 내일을 만날 수 있을 것입니다.

하루를 내 계획과 실천으로 채워라

—

나에 대한 나 자신과 타인의 강력한 믿음이 있어야만

그 믿음에 힘입어 독서실에서 공부하는 시간을 온전히

자기 자신에게 맞는 공부 시간으로 활용할 수 있습니다.

Episode: 지혜 어머니
- 요즘 학원 안 다니는 아이가 어디 있어요?

　어릴 때 지혜를 영어 유치원에 보냈던 게 정말 얼마나 다행인지 모른다. 요즘도 '그때 보내지 않았더라면 어떻게 되었을까?' 생각하면 가슴이 철렁한다. 유치원에서 다녀오면 옥스퍼드 리딩트리 책을 수시로 읽어 줬고 초등학교부터는 화상 영어에 영어 신문에 어학원까지 다녔으니 고등학생이 되어서도 저렇게 영어 성적이 잘 나오는 것이다. 초등학교 때부터 수학과 과학 모두 학원에 계속 다녔으니 중학교 때까지 전혀 문제가 없었던 거지 안 그랬으면 어떻게 저렇게 공부를 잘할 수 있었겠는가? 솔직히 우리 지혜가 머리도 좋지만 성실해서 중학교 때에도 전 과목 통틀어 시험을 보면 항상 최상위 성적을 받아왔다.

　여기까지가 내가 알던 바로 직년까지의 우리 지혜 모습이다. 그런데 지금껏 너무도 잘해 온 우리 지혜가 왜 갑자기 학원에 다니지 않겠다고 하는 걸까? 엄마가 그동안 얼마나 신경 써서 알아보고 결정한 학원인지 알지도 못하고 갑자기 저러니 너무 속상하다. 학원 친구들과 무슨 문제라도 생겼나 싶어 직접 학원 원장님과 상담해 보았는데 지혜가 정말 그랬냐며 되묻는다. 학원에서 그 누구보다 열심히 공부한다나? 누가 그걸 모르냐는 말이다. 우리 지혜가 어릴 때부터 어디서든 정말 열심히 하고 잘했던 건 엄마인 내가 누구보다 잘 안다.

며칠간의 고민 끝에 "다른 학원으로 옮겨줄까?" 물어보았는데도 고개를 절레절레 흔든다. 이제는 독서실에 다니고 싶다나 뭐라나. 고등학생이 배워야 할 게 얼마나 많은데 그걸 독서실에서 저 혼자 어떻게 다 공부하려고 그러는지 모르겠다. 물론 인터넷 강의마다 프리패스를 모두 사주기는 했다. 그래도 그것만으로는 너무 불안하다. 대체 요즘 학원도 안 다니고 과외도 안 하는 고등학생이 어디 있단 말인가? 주변 엄마들에게 조언을 구했다가는 지혜가 정말 그랬느냐며 자기들끼리 쑥덕거릴 게 뻔하니 물어볼 수도 없다.

아무래도 몇몇 친구들과의 관계가 서먹해진 게 분명하다. 그동안 수학과 과학 학원을 한곳에 너무 오래 보낸 것 같기도 하고.

'주말만이라도 강남으로 픽업해서 다녀야 하나?'

생각이 또 많아졌다. 그냥 지금까지 해왔듯이 잘 다니면 좋을 텐데.

Episode: 지혜
- 이번만큼은 혼자 공부해보고 싶어요

    요즘 들어 공부가 너무 하기 싫다. 배우는 내용도 많고 풀어야 할 문제도 너무 많다. 아직은 학원에서 작년에 다 배웠던 거라 시험을 잘 보고 있지만 앞으로는 힘들 거 같아 너무 걱정이다. 그런데 며칠 전 코로나 때문에 학원을 빠졌던 친구가 다시 돌아오지 않아서 물어보았더니 학원 다 끊고 그냥 독서실에 다니고 있단다.

    "독서실에서 공부가 돼?"

    "어차피 학원 가도 자잖아. 안 그래? 솔직히 애들 거의 안 듣는 거 너도 알잖아. 독서실에서 공부해봤는데 그냥 혼자 음악 들으면서 하고 싶은 만큼 하니 마음이 편해지더라고."

    "학원을 끊고 마음이 어떻게 더 편해지지? 더 불안해지지 않아?"

    "며칠은 그랬는데 지금은 괜찮아. 어차피 인터넷 강의 들으면 되는데 뭘. 지혜 넌 학원에서 수업 잘 들으니깐 괜찮겠다. 하지만 난 아니잖니? 그래서 그만두고 독서실 다니는 거야."

문제는 그날 유난히 학원에서 많이 자거나 조는 친구들의 모습을 본 것이다.

'지금 이 시기에 학원에 다니면서 공부하는 게 맞는 걸까?'

처음으로 학원에 계속 다닐지 고민하기 시작했다. 너무 불안하긴 하지만 학원에 계속 다니는 것도 대안이 아니라는 생각이 들었다.

'엄마가 안 좋아하실 텐데.'

역시나 우리 엄마, 펄쩍 뛰신다. 고등학교 때 배울 게 얼마나 많은데 지금 학원을 끊으려 하냐며 난리다. 엄마 말도 맞는 것 같다. 하지만 솔직히 나도 너무 지쳐 간다. 국어, 수학, 영어, 과학 전부 학원에 다니는 게 쉬운 일은 아니지 않은가.

'어떻게 해야 하는 걸까?'

이러다가 한 번이라도 시험을 망치면 그땐 정말 내 모든 게 망가질 것만 같다.

이번만큼은, 이번 한 번만은 내가 스스로 계획해서 공부해 보고 싶다.

내 힘만으로 성취감을 느껴보고 싶다.

Secret: 16년 차 고등학교 선생님
- 스스로 공부해서 성취한 경험이 필요해요

① 사교육이 정말 필요한지 파악하라

통계청의 초중고 사교육비 조사 결과에 따르면 2021년 고등학생 1인 당 월평균 사교육비는 전체 학생 기준 41.9만 원, 참여 학생 기준 64만 9천 원에 달합니다.[8] 물가상승률을 반영한다 해도 아이를 키우는 가정에서 사교육비 부담이 적지 않다는 건 확실해 보입니다. 그런데도 고등학생 중 학원에 다니지 않는 학생을 찾기가 쉽지 않습니다. 특히 내신을 준비하는 학원 수강생들이 많은데 그 이유는 배우는 과목이 많고 그 많은 과목의 내신 성적을 모두 잘 받아야 하기 때문입니다.

요즘 고등학생과 학부모에게 학원이란 더 이상 다닐까 말까 고민하는 곳이 아닙니다. 이제는 필수재가 되어버린 수많은 학원 중에서 어떤 학원이 우리 아이에게 맞을지, 어떤 과목 학원에 다녀야 할지 선택하고 고민하는 게 요즘의 학원 고민입니다.

그렇다면 학원은 왜 점점 더 선택이 아닌 필수로 받아들여지고 있는 것일까요? 실제 학부모 상담 결과 빠르게 바뀌는 최신 입시 흐름에 대한

---

8) 통계청 국가발전지표-교육-교육기회, "학생 1인당 사교육비" (2022.03.11.)

정보를 잘 모르기 때문에 우리 아이만 뒤처질까 두려워 보내신다는 의견이 가장 많았습니다. 학생들은 여전히 만연한 학벌 중심의 사회 인식, 상대 평가 위주의 학생 평가 환경, 그리고 과도한 학습량 때문에 학원이 꼭 필요하다는 의견이 많았습니다.

고등학생은 왜 학원에 많이 다닐까요?	
학부모 의견	1. 최신 입시 흐름을 파악하기 위해서
	2. 하나라도 더 배워 올 거라는 기대감 때문에
	3. 주변 모든 아이가 다 다닌다는 소식에 불안해서
학생 의견	1. 학벌 중심의 사회 인식 때문에
	2. 상대 평가 위주의 학생 평가 환경 때문에
	3. 학교 수업만으로는 모든 과목 내용을 이해하기 힘들어서

중학교 때와 달리 고등학교에 들어가면 학생들이 배워야 하는 학습량이 급속도로 늘어납니다. 예전에 비해 많이 줄어들었다고는 하지만 여전히 학생들이 체감하는 학습 부담은 너무나 큽니다. 게다가 주요 과목 내신 시험은 상대 평가로 이루어지며 모든 과목에서 1, 2등급을 받지 않으면 서울 주요 대학에 수시모집 교과 전형으로 입학하기 힘듭니다. 꼭 1등을 하지 않아도 된다는 사회적 인식이 있다면 이 모든 걸 극복할 수 있지만 우리 사회는 아직 그 정도로 유연하지 못합니다. 세상은 빠르게 바뀌고 있지만 공교육 제도는 그 속도를 도저히 따라가지 못하고 있습니다.

사교육 시장은 이 상황을 바라보는 학생과 학부모의 불안감을 무기 삼아 절묘하게 파고들어 2021년 기준 약 23.4조 원의 시장을 형성하고 있습니다.[9]

과연 사교육은 학부모와 학생이 필요하다고 생각하는 것들을 적절하게 제공할 수 있을까요? 그렇기도 하고, 아니기도 합니다.

다른 아이들보다 이해하는 속도가 느린 학생이라면 대형 학원보다 소규모 개인 지도를 받는 게 더 도움이 됩니다. 원하는 부분의 수업만 듣고 싶은 학생이라면 정해진 진도를 나가는 수업보다 인터넷 강의가 더 도움이 됩니다. 또한, 분위기에 따라 학습량이 많이 달라지는 학생이라면 학습 분위기가 체계적으로 갖춰진 곳에서의 맞춤형 학습이 가장 도움이 됩니다. 이처럼 학생들이 자신에게 어울리는 사교육을 선택한다면 분명 학습에 많은 도움을 받을 수 있습니다.

하지만 자신의 성향과 어울리지 않는 사교육을 받게 되면 어떻게 될까요? 분명 별 소득 없이 시간만 낭비할 가능성이 큽니다. 사교육이 정말 필요한지, 필요하다면 어떤 사교육을 선택해야 하는지부터 먼저 고민해야 하는 이유입니다.

사교육도 공교육처럼 학생들이 합리적으로 활용할 수 있는 교육 시스템입니다. 다만, 공교육에 비해 비용이 많이 들고 선택에 따라 유불리가 많이 달라지므로 영리하게 선택하고 활용할 줄 알아야 합니다.

---

9) 통계청, "2021년 초중고사교육비 조사 결과" (2022.03.11.)

② 자기주도학습 능력부터 키워라

학생들과 상담하다 보면 학원을 계속 다녀야 하는지에 관한 질문을 정말 많이 합니다.

"저 지금 수학 학원에 다니고 있는데요. 계속 다녀야 할지 잘 모르겠어요."

"그래? 처음에는 잘해 보려고 다니기 시작했을 텐데 지금은 고민이 되나 보구나."

"그냥 저한테 맞지 않은 것 같아요."

"조금 더 구체적으로 설명해 볼까?"

"일단 진도가 너무 빨라요. 저는 수업을 이해하는 데 시간이 꽤 오래 걸리는데 제가 다 이해하기도 전에 다음 내용을 설명하셔서 집중하기가 힘들어요. 숙제도 너무 많고요. 하지만 학원보다는 제 능력 부족 때문인 것 같아요. 다른 애들은 강의 내용을 다 이해하는데 저만 못 알아듣는 것 같거든요."

학원 진도를 따라가기 힘들다는 학생일수록 다니는 학원의 수가 많습니다. 배우는 내용이 잘 이해되지 않으니 학원 교재 공부에 더 시간을 쏟게 되고 그만큼 다른 과목 공부에 쓸 시간이 부족해져서 다니지 않았던 다른 과목의 학원까지 찾게 되는 것입니다.

"네가 공부량을 늘려서 수업을 알아들을 수 있도록 노력하면 되지 않을까?"

"저도 그러고 싶죠. 하지만 생각보다 쉽지 않아요. 무엇보다 다니는 학원이 너무 많아서 그럴 시간도 없어요."

"네가 있는 반에 학생 수가 몇 명이나 되니?"

"15명 정도 돼요."

"질문할 시간은 있니?"

"네. 있긴 하지만 저만 계속 질문하면 다른 친구들이 못 하잖아요. 그래서 질문 시간이 끝나면 궁금해도 그냥 지나가 버려요. 궁금한 내용이 계속 쌓이다 보니 어느 날부턴가 잘 몰라도 그냥 그런가 보다 넘어가게 됐어요."

만약 자녀가 이런 생각을 털어놓았다면 학원을 그만두게 하는 게 맞을까요? 어려운 질문입니다. 특정 몇 명을 위한 맞춤형 수업을 한다는 건 사교육 시장에서조차 쉽지 않기 때문입니다. 그래서 학생의 환경에 맞는 사교육을 제때 적절하게 만나는 게 중요합니다.

이 대화 속 학생에게는 대형 학원보다 1:1 소통이 가능한 소규모 학원이나 과외가 더 어울립니다. 문제는 어떤 선생님이 우리 아이에게 맞는 좋은 선생님인지 찾기 너무 어렵다는 것입니다. 만약 아이에게 맞는 선생님을 빨리 만나지 못한다면 계속해서 선생님만 찾아다니다가 끝날 수도 있으니 주의하셔야 합니다.

코로나로 인해 많은 가정의 학부모님께서 깨달으신 게 하나 있습니다. 공부하지 않는 아이는 학교에 보내든, 학원에 보내든, 집에 있든, 그 어디에 있든 공부하지 않는다는 것입니다.

"학원에 보내면 집에 있는 것보다는 그래도 좀 더 공부할 줄 알았어요. 그런데 얼마 전 학원 선생님 만나러 갔다가 아이 얘기를 듣고 얼마나 민망하던지 얼굴이 벌게지더군요."

아이 스스로 공부하려 하지 않으면 그 어떤 사교육도 도움되지 않습니다. 따라서 학생의 자기주도학습 능력부터 키워야만 앞으로 지속적인 성적 상승을 끌어낼 수 있습니다.

자기주도학습 능력이 있는 학생은 다음과 같은 긍정적인 태도를 보입니다.

번호	태도	설명
1	자기 객관화	자기 장단점을 객관적으로 바라볼 줄 아는 능력
2	적극성	파악한 문제점을 적극적으로 개선하고 대응하는 능력
3	의사소통	부모님, 담임 선생님, 친구들과 적극적으로 소통하는 능력
4	개방성	타인의 조언을 적극적으로 받아들이고 실천하는 능력
5	효율적 학습	스스로 필요하다고 판단하는 공부법을 영리하게 활용하는 능력

자기주도학습 능력은 최상위 학생이 되는 데 꼭 필요한 필수 조건입니다. 학원에 의존하거나 스스로 공부하기 힘든 학생이 있다면 표의 5가지 태도부터 적극적으로 익히기를 권합니다.

③ 신념을 결과로 증명하라

사교육을 효과적으로 활용하려면 무엇보다 혼자 공부할 수 있다는 신념을 성적이라는 결과물로 증명할 수 있어야 합니다. 아무리 혼자 공부할 수 있다고 이야기해도 계속해서 낮은 성적만 받게 된다면 더 이상 신뢰를 얻지 못할 게 뻔하기 때문입니다.

대기업 면접을 앞둔 사람에게 필요한 게 무엇일까요?

올림픽에 출전해 결승전을 앞둔 선수에게 필요한 건 무엇일까요?

오디션 프로그램에 출연한 사람이 우승하는 데 필요한 게 무엇일까요?

바로 원하던 결과물을 눈앞에 보여줄 수 있는 탁월성입니다. 어떤 분야든 상관없이 뛰어난 결과물을 얻기 위해서는 먼저 자신의 탁월성부터 증명해야 합니다. 절실함과 간절함으로, 말보다 행동으로 자기 신념을 눈앞에 펼쳐 보여야만 스스로 느끼는 자존감도 크게 높아질 수 있습니다.

그러니 만약 학원만 다니던 아이가 독서실에 가기를 희망한다면 잠시 학원을 내려놓고 독서실에 보내보시는 것도 좋은 방법입니다. 단, 독서실에 간 이후 탁월한 결과물을 보일 수 있다는 학생의 자신감과 그에 대한 주변의 전폭적인 신뢰가 전제되어야 합니다. 여기서 자신감이란 나의 믿음을 뜻하고 주변의 신뢰란 타인의 믿음을 뜻합니다. 즉, 나에 대한 나 자신과 타인의 강력한 믿음이 있어야만 그 믿음에 힘입어 독서실에서 공부하는 시간을 온전히 자기 자신에게 맞는 공부 시간으로 활용할 수 있습니다.

자기주도학습 능력이 탁월한 아이들은 대체로 성적, 친구 관계, 인성 모든 측면에서 대부분 우수합니다. 자기주도학습 능력은 매우 중요한 키워드이므로 뒤에서 한 번 더 언급할 것입니다.

자녀가 수학을 못한다고 무작정 아무 수학 학원이나 보내는 건 아이가 아프니까 일단 집에 있는 아무 약이나 먹이겠다고 하는 것과 같습니다. 따라서 학부모님께서는 먼저 자녀와 자주 소통하며 약이 정말 필요한 상황인지, 아이에게 먹일 약의 효능이 뭔지, 얼마나 먹여야 하는지에 관해 정확하게 이해하고 판단하셔야 합니다. 편하게 소통하고 이야기하며 스스로 해답을 찾아 나갈 수 있도록 믿고 돕는 가정일수록 아이가 온전히 학습에 집중해 유의미한 결과를 낼 수 있습니다.

휴대전화에
인생을
맡기지 말라

—

인간관계 유지에 대한 스트레스가 큰 학생들은
먼저 주변 모든 사람과의 대화에 빠짐없이 참여해야 한다는
강박관념부터 버려야 합니다.

Episode: 예림 어머니
- 온종일 메신저 알림이 5초마다 울려요

예림이가 어릴 때부터 친구들을 좋아하긴 했다. 놀이터에 가도 친구들이 있어야 놀았고 친구들도 예림이가 와야 더 재미있다고 했다. 그땐 그게 좋다고만 생각했는데 지금 생각해보니 놀이터에 좀 덜 갔어야 했던 건 아닌지 후회가 된다. 같은 반 친구랑만 그러면 말도 안 한다. 작년에 같은 반이었던 친구, 그냥 친한 다른 반 친구, 친한 선배, 친한 후배, 심지어 중학교 때 친했던 친구들까지 매일 연락하는 게 말이 되냐는 거다. 온종일 카카오톡, 인스타그램 디엠에 페이스북 메신저까지 도무지 쉴 틈이 없다. 정말 각종 메신저 알림이 5초마다 울린다. 차라리 무음으로 해 놓던지. 소리로 해 놓으니 옆에서 알림 소리 듣는 것만으로도 머리가 지끈지끈 아플 지경이다. 결국 오늘도 또 한마디하고 말았다.

"넌 학교에서 계속 보면서 꼭 집에 와서도 메신저를 해야 하니? 사이버 공간에서 계속 안 봐도 되는 거잖아. 집에 오면 집에 있는 가족에게 집중해야지. 학교에 있을 때 엄마 톡에는 답장도 안 하면서 어떻게 집에 와서 친구들 톡은 하나도 빠짐없이 확인할 수 있니?"

"엄마도 참. 내 인기 알잖아? 주말에 만날 친구들이랑 뭐할지 정해야 한다고. 애들 의견이 다 달라서 조율하느라 어쩔 수 없단 말이야. 그리고 딸이 메신저 보느라 힘든 거 알면 엄마 톡 답장 안 하는 정도는 이해해줘야지. 안 그래?"

"아무리 그래도 그렇지. 하루도 빠짐없이 온종일 메신저에 빠져서 사는 게 정상이니? 아니면 알림 소리만이라도 좀 끄자. 5초마다 들리는 알림 소리 때문에 정말 정신이 나갈지도 몰라. 엄마 좀 살려줘라."

"알림 소리를 끄면 애들이 메신저 보낸 걸 못 볼 수도 있어서 안 되는 거 엄마도 알잖아. 하루 이틀도 아닌데 왜 그래? 소리를 크게 해 놓는 것도 아니고. 이 정도는 엄마가 좀 참아줘. 응? 응?"

서운해하는 엄마 옆에 와서 애교 부린답시고 "응? 응?" 이러니 오늘도 또 지고 말았다. 하라는 공부는 안 하고 매일 저렇게 메신저만 하면 안 될 텐데. 학교에 가서 수업 시간에도 저러는 건 아닐지 너무 걱정되어 담임 선생님께 연락을 드렸다.

"예림이가 메신저를 많이 쓰긴 해요. 그래도 친구 관계가 워낙 좋으니 앞으로 어디서든 사회생활은 정말 잘할 거예요. 물론 수업 시간에도 자꾸 휴대전화만 봐서 가끔 몇몇 선생님께 혼나기는 하지만 아이가 저렇게 밝잖아요? 정말 친화력으로는 전교에서 예림이를 따라갈 아이가 없어요."

선생님 말씀도 맞지만 아무리 친화력이 좋아도 이건 아닌 것 같다.

무엇보다 5초도 채 되지 않아 반복되는 각종 메신저 알림 소리에 정신이 나갈 것만 같다.

Episode: 예림
- 친구들 연락에 어떻게 답장을 안 해요?

어릴 때는 놀이터에만 나가도 친구들과 잘 지낼 수 있었다. 나랑 있으면 재밌다며 친해지고 싶다는 친구들이 많았고 나랑 단둘이 놀겠다며 서로 다투는 친구들도 있었다. 어른들은 인사성이 밝고 잘 웃는다며 좋아해 주셨고 전혀 모르는 사람과도 금방 친해졌다. 나를 좋아하는 친구가 항상 곁에 있었기에 친구가 없는 시간은 상상조차 할 수 없었다. 그런데 중학교에 들어가고 고등학교까지 들어오자 상황이 달라졌다.

"예림아, 인스타 있지? 우리 맞팔하자."

"예림아, 페북도 해? 난 페메[10] 하거든."

언젠가부터 친구들은 모두 카카오톡으로 대화했고 인스타를 하지 않으면 대화에 끼지 못했다. 페이스북을 하는 친구도 생각보다 꽤 많았다. 그러다 코로나가 발생하자 메신저로 대화하는 시간이 급속도로 길어졌다. 심지어 바로 옆에 앉은 친구조차 메신저로 말을 걸어왔다. 처음에는 한마디 말도 없이 휴대전화만 보고 있는 친구들이 너무 이상했는데 시간이 지날수록 이런 사이버상의 메신저 대화가 너무나 편해졌다. 같이 있으면 할 수 없던 이야기도 메신저로는 자연스럽게 할 수 있었다.

"예림아, 사실 난 너밖에 없는 거 알지?"
"우리 셋이 얘기해도 얘는 모를걸? 원래 좀 둔하잖아."

메신저로는 넷이 같이 앉아 있어도 둘이 이야기할 수 있었고 셋이 나머지 한 명을 욕할 수도 있었다. 그러니 메신저를 빨리 보지 않으면 대화에서 금세 소외당했다. 당연히 휴대전화만 바라보는 시간이 늘었고 메신저가 오면 바로바로 읽고 답장하는 시간이 길어졌다. 본격적으로 메신저를 시작한 지 얼마 되지 않아 메신저를 잠시라도 보고 있지 않으면 불안해지기 시작했다. 'SNS 금단 현상이라는 게 있다던데 지금 이 불안함이

---

10) 학생들이 페이스북 메신저를 이르는 말.

금단 현상인 건 아닐까?' 하는 생각이 들었다.

엄마는 자꾸 알림 소리가 들린다며 짜증을 내지만 그건 엄마가 지금 우리 세대를 잘 모르고 하시는 이야기다. 이 알림은 친구들에게 소외당하지 않기 위한 내 생존 수단이다. 자칫 이 대화에서 소외당했다가 친구들이 따로 단톡방을 만들어 욕이라도 하면 어떡하지? 난 살면서 주변 친구가 내게 소홀하게 대한 적이 단 한 번도 없다.

하지만 혹시라도 그런 일이 벌어진다면?

그런 말도 안 되는 일이 벌어진다면 내 삶의 의미를 잃어버릴지도 모른다. 그러니 절대 내버려 둬서는 안 된다. 메신저를 바로바로 확인하는 이 습관이 있었기에 지금까지도 많은 친구와 아무 일 없이 잘 지낼 수 있었다. 성적이 안 나오는 건 참을 수 있어도 친구들과 어색해지는 건 참을 수 없다. 반에서 인스타를 하지 않아 혼자 밥 먹으러 다니는 애들처럼 지낼 수는 없다. 혼자 지내느니 차라리 자퇴하는 게 낫다.

엄마가 메신저 알람 소리 때문에 스트레스받는 건 나도 안다. 그래도 어쩔 수 없다. 알림 소리를 작게 했다가 친구들 대화를 놓칠 수는 없다. 엄마도 대화에서 소외당하지 않으려고 애쓰는 딸의 심정을 좀 이해해 주면 좋겠다.

Secret: 16년 차 고등학교 선생님
- 전자기기 대신 책을 곁에 두세요

① 무작정 아이 탓부터 하지 말라

메신저 알림에 집중하는 예림이가 느끼는 감정을 온전히 느끼실 수 있으신가요? 친구 관계가 소중한 예림이에게 카카오톡이나 인스타그램 디엠, 페이스북 메신저와 같은 메신저는 아무리 떼려고 노력해도 도저히 뗄 수 없는 것들입니다. 예림이의 말처럼 메신저 알림이야말로 친구 관계를 유지하기 위해 꼭 필요한 생존 수단입니다.

사실 어른들도 예림이의 메신저 알림처럼 자기만의 생존 수단을 갖고 있습니다. 어른들의 생존 수단이 무엇인지 궁금하신가요? 다음 질문에 답해보세요.

일에 치여 정신없이 한 주를 보내고 집에 왔을 때 드는 생각은 무엇인가요?

보내야 할 자료를 마감 시간에 맞춰 간신히 끝내고 집에 왔을 때 무얼 하고 싶으신가요?

드디어 기다리고 기다리던 금요일 저녁이 되었을 때 어떻게 시간을 보내시나요?

혹시 간절히 삼겹살에 소주 한잔이 떠오르시지 않던가요?

아무 생각 없이 침대에 폭 파묻혀 있고 싶으시지 않던가요?

밀린 미국 드라마 틀어놓고 치킨에 맥주 한잔하고 싶으시지 않던가요?

삼겹살에 소주 한잔, 침대, 밀린 미국 드라마 시청, 치킨에 맥주 한잔. 이게 바로 어른들의 생존 수단입니다. 이것마저 없다면 삶의 낙이 없다고 느끼실 테니까요.

어른들이 그렇듯 아이들도 하루하루 똑같이 힘듭니다. 학교에서 공부했든, 공부하지 않았든 일주일은 누구에게나 피곤했을 시간입니다. 집가고 싶다는 말이 아이들 입에 괜히 붙은 게 아닙니다. 집은 어른, 아이할 것 없이 누구에게나 맘 편히 쉬고 싶은 공간입니다. 그러나 우리는 이상하게 자신에게는 관대하나 유독 자녀들에게만큼은 관대하지 않습니다. 집에 오자마자 일단 휴대전화나 태블릿부터 꺼내는 모습이 눈에 기슬리는 겁니다.

"집에 오면 먼저 씻어야지."

"밥 먹자. 태블릿 그만하고. 밥부터 먹어야지."

당연한 말들로 아이들을 유도하지만 이미 집에 와서 태블릿을 꺼낸 아이들의 눈에는 바로 앞의 화면만이 보일 뿐입니다. 우리도 침대에 몸을 던져 쓰러진 뒤 TV를 틀고 나면 '씻는 건 이따가 해야지.'라고 생각하다가 잠시 그 안에 들어가 멍해지지 않던가요? 아이들도 똑같습니다. 그러니 무턱대고 혼부터 내면 아이들의 마음은 점차 부모와 멀어집니다. 아이들도 우리와 같음을 기억하고 먼저 이해하고자 노력해야 합니다.

② 전자기기 사용의 심각성을 깨달아라

우리는 왜 집에 오면 TV부터 켜게 될까요? 집에 오기 전까지 계속 바빴기 때문입니다. 일하느라 바쁘고 사람들 챙기느라 바쁘고 돈 버느라 바쁩니다. 그뿐인가요? 설거지에, 빨래에, 청소까지 집안일은 매일매일 쌓여서 해도 해도 끝이 없습니다. 그러니 뭐든지 일을 하나 끝내고 나면 잠시나마 쉴 시간과 공간을 찾고 싶어 합니다. 쉬는 것조차 하지 않는다면 금세 지쳐 더는 아무것도 하지 않으려고 할 게 분명하기 때문입니다.

아이들도 똑같습니다. 학교에 가면 온종일 수업 듣고, 숙제하고, 수행평가하고, 선생님 말씀도 잘 들어야 합니다. 때때로 허기진 배를 채우며 친구들과도 싸우지 않고 별 탈 없이 잘 지내야 합니다. 어른들을 야근이 괴롭힌다면 아이들은 학원이 괴롭힙니다. 아무리 자신을 위한 공부라지만 이쯤 되면 질리기 마련입니다. 괜히 아이들이 이렇게 중얼거리는 게 아닙니다.

"아, 집 가고 싶다."

이처럼 어른들이 TV를 보는 것과 아이들이 태블릿으로 게임을 하거나 유튜브를 보는 것은 비슷한 맥락으로 이해할 수 있습니다. 하지만 비슷한 듯하면서 다른 점이 있습니다. 어른들은 현실과 온라인 활동 간의 균형을 유지하기 쉬우나 아이들은 균형을 유지하지 못하고 온라인 쪽으로 급격히 기울어질 수 있다는 것입니다.

얼마 전 교실에 들어가 학생들에게 질문 하나를 던졌습니다.

"지금 책상 위에 올려져 있는 물건들을 잠시 볼까 얘들아? 이 중 딱 하나만 남겨두고 나머지는 다 가방에 넣어야 한다면 어떤 걸 남겨두고 싶니?"

대답에 필요한 시간은 1~2초면 충분했습니다. 답은 고민할 필요도 없이 태블릿이었습니다. 2~3년 전만 해도 교실에 앉아 있는 모두 학생의 책상 위에 태블릿이 올려져 있지는 않았습니다. 하지만 세상은 금세 변했고 휴대전화와 태블릿은 학생들의 일상 속 깊숙이 파고들었습니다. 어른들만 앞에 있는 사람과 대화하면서도 끊임없이 휴대전화를 확인하는 게 아닙니다. 휴대전화와 태블릿에 있는 메신저 앱은 아이들 또한 잠시도 가만히 있지 못하게 만들었습니다. 지하철과 버스에서 휴대전화만 바라보는 어른들의 모습이 어른들 스스로 만든 문제라고 보기 어렵듯이 하루 24시간 메신저만 바라보는 아이들의 모습 역시 아이들 스스로 만든 문제라고 볼 수 없습니다.

따라서 메신저만 바라보는 아이들에 대한 우리의 시선부터 재설정해야 합니다. 그렇다고 '아이들 탓이 아니구나? 이건 어쩔 수 없는 문제겠네.'라는 생각으로 방치해서도 안 됩니다. 친구가 옆자리에 앉아도 말 한마디 없이 휴대전화 속 메신저만 바라보는 아이들의 행동이 지속되면 학교에서의 기본적인 활동인 학업과 교우 관계 모두를 잃을 가능성이 크기 때문입니다.

2022년 교육부에서 발표한 보도자료에 따르면 학교에서 일어나는 학교폭력 사건 중 사이버 폭력이 차지하는 비율이 전체 12.6%로 스토킹, 신체 폭력, 금품 갈취, 성폭력, 강요 등을 제치고 언어폭력, 집단따돌림에 이어 세 번째로 높은 비율의 폭력 유형으로 자리 잡았습니다.[11] 사이버 공간 안에서 언어폭력, 집단따돌림이 모두 일어날 수 있기에 실제로는 12.6%보다 훨씬 높은 비율을 차지하고 있습니다. 최근 아이들이 사이버 공간 안에서 얼마나 많은 갈등에 고통받고 있는지 알 수 있는 가장 객관적인 자료가 제시된 것입니다.

따라서 사이버 폭력 예방을 위해서라도 과도한 전자기기 사용에 대한 심각성을 깨달아야 합니다. 또한, 학생들이 서로를 존중하고 배려할 수

11) 교육부 석간 보도자료, "2022년 1차 학교폭력 실태조사 결과 발표" (2022.09.06.)

있는 건전한 친구 관계를 맺고 학업에도 집중할 수 있도록 가정과 학교, 사회 구성원 모두가 사이버 폭력에 관심을 보이고 올바른 학교가 조성될 수 있도록 힘써야 합니다. 최근 학교폭력 근절을 위해 학교폭력 조치사항을 대학 입시의 학생부, 수능, 논술, 실기 실적 위주 전형에 필수 반영하겠다는 제재[12]가 생긴 것도 이러한 개선의 일부라 할 수 있습니다. 다만, 이러한 제도적 제재만으로는 학교폭력을 근본적으로 근절하는 데 있어서 한계가 있습니다. 따라서 제재보다 관심이, 처벌보다 공감이 먼저 이루어져야 근본적인 해결에 한층 더 가까이 다가갈 수 있습니다.

③ 관계의 완벽주의에서 벗어나라

이제 에피소드에서의 예림이가 메신저에서 벗어날 실질적인 방법을 다시 살펴보겠습니다. 예림이는 메신저가 친구들에게 소외당하지 않기 위한 생존 수단이라고 했습니다. 누가 언제 내 욕을 할지, 나를 빼놓고 대화할지 알 수 없기에 어쩔 수 없이 알림까지 설정하고 메신저의 모든 대화에 참여히고자 했습니다. 이러한 예림이의 모습은 친구 관계에 있어서 어떻게든 완벽해지려는 완벽주의의 기질을 보여줍니다.

그런데 정말 메신저에 있는 모든 친구와의 대화에 참여하지 않으면 생존할 수 없는 걸까요? 사람은 모든 분야에 있어서 완벽할 수 없습니다. 그러니 못하는 분야의 일이 있다고 해서 자신의 무능력에 좌절하거나 힘

---

12) 교육부 보도자료, "2026 대학입학전형 기본사항 발표" (2023.08.31.)

들어할 필요가 없습니다. 오히려 능력이 조금 부족하더라도 그런 인간적인 모습을 좋아하고 따르는 사람도 있습니다. 따라서 한 명도 빠짐없이 주변 모든 친구와 갈등 없이 완벽하게 잘 지내야 한다는 생각부터 먼저 버려야 합니다. 주변에 있는 사람 10명 중 7명은 내게 무관심하고 2명은 나를 싫어하며 1명만이 나를 좋아한다는 유명한 인간관계 1:2:7 법칙이 말해주듯이 예림이가 아무리 모든 대화에 열심히 참여한다고 해도 그 대화방에 있는 10명 중 7명은 무관심하고 2명은 싫어하며 1명만이 좋아할 가능성이 큽니다.

주변 사람과의 관계로 스트레스를 받는 건 학교를 졸업한 뒤 어른이 되어서도 마찬가지입니다. 2019년 3월 사람인 HR 조사에 따르면 직장인 10명 중 8명이 함께 일하는 상사, 동료, 후배 등 인간관계 스트레스로 인해 퇴사를 고민하며 지내고 있습니다. 그러니 어른이 되어서도 계속해서 주변 사람들과의 모든 대화에 참여한다는 건 거의 불가능에 가까운 일이라는 걸 예림이 스스로 깨달아야 합니다.

저는 예림이와 같은 학생이 상담을 요청하면 모든 친구와의 관계에 집착하는 대신 진짜 친구에게 더 집중하고 다가가기를 권합니다. 그리고 온라인 공간에서의 모든 대화에 참여하는 것보다 지나가다 만나는 친구들에게 반갑게 인사하고 힘들어하는 친구에게 공감하며 만나는 누구에게든 배려하는 모습을 보여주는 게 좀 더 진짜 친구에게 집중할 수 있는 좋은 방법이라는 걸 알려줍니다.

만약 언제나 친절한 모습으로 주변 모든 사람에게 잘해주는 데도 사이버 공간에 있지 않다는 이유만으로 욕하는 친구가 있다면 어떡해야 할까요? 그런 친구는 오히려 멀리 대하는 게 낫습니다. 인간관계 유지에 대한 스트레스가 큰 학생들은 먼저 주변 모든 사람과의 대화에 빠짐없이 참여해야 한다는 강박관념부터 버려야 합니다. 그래야만 이러한 문제점에서 쉽게 벗어날 수 있습니다.

단번에 모든 메신저 접속을 끊는 건 불가능하다고 생각하실 수도 있습니다. 하지만 절대 불가능하지 않습니다. 작년에 제게 휴대전화와 태블릿을 지퍼백에 고이 담아와서는 수능 끝날 때까지 맡아달라며 스스로 가져온 학생이 있었습니다. 윗글의 예림이만큼은 아니었지만, 항상 손을 뻗으면 닿을 만한 장소에 휴대전화와 태블릿이 있었고 유튜브와 메신저 대화에 빠져 있던 학생이었습니다. 처음에는 스스로 문제없다고 생각했던 학생이었지만 점차 상담을 이어가며 자신이 왜 공부하는지, 왜 학교생활을 힘들어하는지에 관해 고민하기 시작했습니다. 서너 번의 상담이 끝나자 이 학생은 자신이 SNS 중독임을 인정하고 학업에 집중히기 위해 스스로 전자기기를 제게 맡겼습니다. 그리고 1년여 뒤 수능이 끝나자 맡겨두었던 휴대전화와 태블릿을 찾아가며 다음과 같은 인사말을 남겼습니다.

"선생님, 할 수 있다고 끝까지 응원하고 믿어주셔서 정말 감사합니다.

덕분에 남은 고등학교 3학년 시간 동안 제대로 학업에 집중할 수 있었습니다. 다행히 올해 원하던 대학에 갈 수 있을 것 같아요."

이 학생처럼 누구나 SNS 중독에서 벗어날 수 있습니다. 모든 결심은 구체적인 계획과 실천을 통해 충분히 현실로 끌어낼 수 있기 때문입니다. 에피소드에서의 예림이와 같은 아이들을 돕기 위해서는 예전보다 전자기기가 많이 보급된 환경적 변화를 먼저 인정하고 아이들 탓을 하기보다 적절히 아이 스스로 사이버 공간에서의 대화를 잘 조절할 수 있도록 도와주셔야 합니다. 또한, 주변 모든 친구와 잘 지내고 행복한 관계를 유지하는 건 어른들도 힘들어하며 대부분이 주변 사람에게 무관심하다는 것을 일깨워주셔야 합니다. 그래야 아이들이 건전한 친구 관계를 꾸준히 유지하면서 친구와의 스트레스도 실질적으로 덜 받을 수 있습니다.

가족과
긍정적으로
소통하라

—

방문을 꼭 닫고 잠근 방 안에서 아이가 원하는 건
어쩌면 진심이 담긴 노크 소리일 수도 있습니다.

Episode: 지성 어머니
- 집에 오면 방문을 쾅 닫고 들어가 버려요

고등학생 때 남자애들 다 그런 거 안다. 뭐라고 말하든 아무 대답도 하지 않고 집에 들어오면 문부터 쾅 닫고 자기 방으로 들어가 버린다는 걸. 지성이뿐만 아니라 다른 남자애들도 다 그렇다는 걸 안다. 얼마 전 지성이 친구 엄마들과의 모임에서 들었기 때문이다.

"설마 지성이도 그래요? 난 우리 애만 그런 줄 알았어요. 나를 그냥 그림자 취급한다니까요?"

"맞아요. 우리 애도 방문 앞에서 밥 먹으라고 소리를 질러야 겨우 나와서 밥만 먹어요. 그러곤 금세 다시 들어가 버린다니까요? 방문을 잠그곤 나오질 않으니 안에서 뭘 하는지도 모르겠어요."

"어머, 방문도 잠근다고요?"

"아빠가 와서 잔소리하면 잠깐 열긴 하는데 금방 다시 잠그고 들어가 버려요."

'우리 지성이만 그런 게 아니었구나. 우리 애만 잘못되고 있는 건 아니구나.'라는 생각이 들었다. 그래도 속상한 건 속상한 거다. 그동안 얼마나 애지중지 키웠던가. 말도 잘 듣고 착했던 아이였는데 2학년이 되더니 갑자기 말이 없어진 것이다.

혹시 친구들과 무슨 문제가 있나 싶어 담임 선생님께 조심스레 연락을 드렸다.

"선생님, 혹시 우리 지성이가 반에서 친구들과 잘 지내나요? 궁금하네요."

"네. 반에서 친구들하고 수다도 잘 떨고요. 아주 잘 지냅니다. 걱정 안 하셔도 돼요."

'수다를 떤다고?'

담임 선생님 말씀에 더 이상의 할 말을 잃고 말았다.

'집에 와서는 한마디도 안 하고 저렇게 조용한데?'

어쩌면 엄마인 나 혼자만 너무 심각하게 받아들인 것일 수도 있다. 결국 며칠 고민하다가 지성이가 집에 들어왔을 때 미리 준비한 과일을 들고 지성이 방에 들어갔다.

"지성아, 학교 다녀오느라 힘들었지? 엄마가 과일 준비했는데 좀 먹을래?"

"…."

"이 딸기 있잖니. 아줌마들이 엄청 맛있다고 해서 인터넷으로 주문한 거야. 지성이 너 어릴 때 딸기 엄청나게 좋아했었잖아. 기억나? 엄마, 아빠랑 딸기 따는 체험도 하고 그랬는데."

"…."

"지성아, 그러지 말고 엄마랑 조금씩 이야기해 보자. 언젠가부터 네가 아무 말도 안 하니까 엄마가 너무 속상해. 힘든 일 있으면 엄마한테 얘기도 좀 하고. 응?"

"그냥 하던 대로 하세요. 친절한 척하지 말고."

"뭐라고?"

"그냥 하던 대로 하시라고요."

"너 지금 뭐라고 했어? 응? 친절한 척하지 말라니. 그게 엄마한테 할 소리야?"

"화를 내니 이제야 좀 엄마답네. 얘기 끝났으면 이제 좀 나가줄래요?"

너무 화가 났지만 더 이상 아무 말도 할 수가 없었다. 아무 말도.

과일은 차마 갖고 나오지도 못한 채 지성이 방문을 닫고 조용히 나올 수밖에 없었다. 언제나처럼 내일 지성이가 학교에 가고 나면 손도 대지 않은 과일만이 방에 홀로 남아 있겠지.

결국 또 다시 닫히고 말았다. 지성이 방문도. 내 마음도.

Episode: 지성
- 차라리 화를 내세요. 그래야 엄마답죠

내가 중학교에 다닐 때 엄마는 언제나 화가 나 있었다. 집에 무슨 일이 있었는지 알 수는 없었으나 학교에 다녀오면 엄마는 어김없이 내게 화를 냈다.

"영어 학원에서 전화가 왔어. 단어장을 또 두고 갔다며? 넌 정말 정신이 있는 거니, 없는 거니? 엄마가 단어가 제일 중요하다고 몇 번을 얘기해야 하는 거야?"

"어쩌면 넌 제 생각대로만 행동하는 게 아빠를 쏙 빼닮은 거니? 넌 나중에 도대체 뭐가 되려고 매번 네 맘대로 생각하고 행동하는 거야?"

"친구들과 대체 몇 시까지 놀겠다는 거야? 학원 안 가니? 공부해야 할 거 아냐?"

"우산을 또 버스에 두고 내렸단 말이야? 너 때문에 우산을 몇 개째 샀는지 기억도 안 나는데 또 잃어버렸다고? 내가 정말 너 때문에 못 살겠어."

"네 친구는 어쩜 다들 그 모양이니? 게임 하는 애들 말고 공부하는 애들 좀 사귈 수 없어?"

그게 아니라고, 그런 거 아니라고 아무리 말해도 소용없었다. 한마디를 하면 그 두 배의 잔소리가 돌아왔고 다시 억울하다며 이야기하면 또 말대꾸한다며 아까와는 비교도 할 수 없을 정도의 폭풍 잔소리를 들어야 했다. 아빠는 늘 한바탕 폭풍우가 지나가고 난 뒤 늦은 밤이 되어서야 돌아오시곤 했다. 그제도, 어제도, 오늘도, 아빠는 항상 넘쳐나는 일에 허우적대며 힘들어하셨다. 그런 아빠께 힘들다며 나까지 짐을 드릴 수는 없었다.

결국 매일매일 엄마와 힘든 시간을 겪으며 이 고통스러운 순간이 빨리 지나가려면 어떤 방법을 써야 하는지 자연스럽게 터득하게 되었다. 그 방법은 바로 침묵이었다. 엄마가 뭐라고 하시던 그저 무표정으로 가만히 있는 것이었다. 폭풍 잔소리를 늘어놓던 엄마는 시종일관 무표정으로 가만히 앉아 있다가 결국 말없이 눈물만 흘리는 내 모습을 보고 나서야 악을 쓰던 입을 다물었다.

그러다가 고등학생이 되고도 한참이나 지난 지금 갑자기 대화하자고? 이야기해 보자고? 무슨 바람이 불어 갑자기 저렇게 바뀐 척 행동하는 건지 도저히 이해할 수가 없다. 남들은 과일까지 들고 와서 아들과 이야기하자는 엄마를 거부하는 내 모습에 부모도 모르는 불효자라며 떠들어댈지 모르지만 그건 아무것도 모르고 하는 소리다. 내가 보기에 엄마에게는 저렇게 화를 내는 모습이 가장 잘 어울린다. 엄마는 저렇게 인상을 쓰고, 내 자존감을 구기고, 짓밟아야 엄마답다. 그리고 나 또한 이렇게 한마디 말없이, 소리 없이 울면서 모든 스트레스를 홀로 감당해내야 비로소 나답다.

Secret: 16년 차 고등학교 선생님
- 긍정적인 소통이 긍정적인 변화의 핵심입니다

① 아이의 감정을 먼저 이해하고 공감하라

"부끄럽지만 선생님, 저희 아이는 제 말을 전혀 듣지 않아요. 그런데 이번에 신생님을 만나더니 아이가 좀 바뀐 것 같아요. 어떻게 하신 건지 잘 모르겠지만 선생님께서 말씀하신 건 뭐든 잘 듣고 따르네요. 그러니 저희 아이 좀 잘 부탁드려요. 그리고 수학 학원도 좀 더 다니면 좋겠는데 선생님께서 잘 설득해 주셨으면 해요."

학부모님과 상담하다 보면 "제 말을 전혀 듣지 않아요."라고 말씀하시는 분을 종종 만나게 됩니다. 부모 말은 듣지 않는데 선생님 말씀은 잘 듣는다는 겁니다. 집에서는 방문을 쾅 닫고 나오지 않는다고, 잘 타일러 봐도 도통 듣지 않는다고 속상해하십니다.

학교에서 정말 잘 지내는 아이가 집에서는 완전히 정반대로 행동하는 이유가 뭘까요? 이런 경우 아이와 1시간 이상 마음을 터놓고 대화하다 보면 이유를 저절로 알게 됩니다. 대부분 이유는 바로 부모님과 전에 생긴 앙금 때문입니다.

"사실 엄마, 아빠가 어릴 때 많이 싸우셨거든요? 그때부터였던 것 같아 요."

"엄마가 어느 날 집을 나갔어요. 지금까지도 엄마가 집을 나간 날 거실 조명, 벽지 색깔, 공기의 냄새까지 또렷하게 기억나요."

"엄마는 제가 말만 하면 갑자기 화를 내세요. 그럴 리가 없다고요? 저희 엄마를 한번 만나보시면 바로 이해하실 수 있을걸요?"

"저희 아빠는 술만 먹고 들어오면 엄마나 저를 때렸어요. 아무 이유도 없이요. 그때부터 아빠뿐만 아니라 엄마도 싫다고 느꼈어요."

"엄마는 제가 하는 모든 일에 끼어들고 간섭해요. 제가 못한다고 느끼면 언제나 잔소리를 늘어놓죠. 아마 제 모든 행동이 마음에 안 드실 거예요."

"한번은 국어 100점, 수학 100점, 영어 98점인 시험지를 들고 집에 갔어요. 저는 당연히 칭찬받을 줄 알았거든요? 신나서 콧노래까지 흥얼거리며 집에 들어갔죠. 그런데 그때 엄마가 뭐라고 하신 줄 아세요? 영어를 하나 틀리면 어떡해! 이랬어요. 거짓말 같죠? 진짜라니까요!"

아이들은 부모님과의 긍정적인 소통을 원합니다. 잘한다는 말, 예쁘다는 말, 소중하다는 말을 듣고 싶어 합니다. 집이 아이들에게 그 어느 곳보다 편하게 쉴 수 있는 공간이듯이 부모님은 내가 무얼 하든 언제나 내 편이 되어줄 수 있는 가장 소중하고 든든한 존재라고 여깁니다. 하지만 그런 부모님이 더 이상 내 편이 아니라고 느끼거나 긍정적인 소통이 불가능하다고 여기는 순간 아이들은 방문을 닫습니다. 이유가 뭘까요? 자기 자신을 심리적인 위험에서 보호하기 위해서입니다. 엄마, 아빠가 없는 방 안에 홀로 있을 때만 심리적 안정감을 느끼기 때문입니다.

지성이와 같이 상처받았던 아이들에게는 무엇보다 조건 없는 사랑이 우선되어야 합니다. 지워졌던 믿음을 다시 꾹꾹 채워주어야 합니다. "지성아, 너도 참 힘들었겠구나."라며 진심으로 공감할 수 있어야 합니다. 기부히는 모습을 보인다고 해도 포기하지 않고 꾸준히 사랑과 믿음, 공감을 표현할 수 있어야 합니다. 그래야만 잠겨 있던 방문과 함께 닫혔던 마음이 서서히 열릴 수 있습니다.

② 내 스트레스를 죄 없는 가족에게 풀지 말라

엄마, 아빠도 사람입니다. 가정에서 아이에게 도움 되는 바른 판단만을 하면 좋겠지만 그렇지 않은 경우도 많습니다. 그러니 엄마, 아빠의 탓만 할 수도 없습니다. 하지만 부모님의 스트레스를 온전히 전달받은 아이들은 그 불안함으로 인해 심리적으로 몹시 힘들어합니다. 그리고 이러한 불안함은 아이들의 학교생활에도 직접적인 영향을 끼칩니다.

사람을 믿지 못하거나 맘에 들지 않는 친구와 더 이상 친하게 지내지 않겠다며 아무도 모르게 혼자 선을 그어 버립니다. 친구들에게 진심을 내보이는 것을 힘들어하고 별 감정 없이 툭 내뱉은 친구의 한마디에 상처받고 며칠간 끙끙 앓기도 합니다. 아무 이유 없이 홀로 소리 없이 눈물을 흘리거나 여기저기 소리를 지르고 다니기도 합니다. 주변 친구들을 이유 없이 괴롭히기도 하며 아무에게나 욕설을 퍼붓기도 합니다.

어린 나이인데도 불구하고 욕을 아무 곳에서나 하는 아이들을 보신 적이 있나요? 사실 그 아이들이 욕을 처음 배운 곳은 후미진 뒷골목이나 동네 야산이 아닙니다. 거리낌 없이 욕하는 아이들 대부분은 집에서 부모님이 하는 욕을 듣고 처음으로 배웁니다. 혹시 주변에 이러한 문제 행동을 보이는 아이가 있나요? 그렇다면 그중 상당수가 부모님과의 갈등 때문에 문제 행동을 일으키고 있을 가능성이 큽니다. 집에서 부모님의 역할이 너무도 크게 느껴지는 이유입니다. 그러니 아이들이 이러한 문제 행동을 보이면 주변 사람들이 이를 먼저 알아채고 따뜻한 시선과 믿음을 줄 수 있어야 합니다. '내 곁에는 항상 날 믿어주는 사람이 있어.'라고 생각하며 깊은 안정감을 느낄 수 있도록 먼저 도와줘야 합니다.

아이가 도움을 요청하거나 힘들다는 감정을 표현하는 이유는 지금의 어려움을 개선해 전보다 더 나아지고 싶기 때문입니다. 그러니 언제든 도와줄 수 있다는 적극적인 반응을 보여주셔야 합니다. 부모님이나 담임 선생님, 주변 어른, 친구들 모두 괜찮습니다. 방문을 꼭 닫고 잠근 방 안에서 아이가 원하는 건 어쩌면 진심이 담긴 노크 소리일 수도 있습니다. 말로는 싫다고, 저리 가라고 하더라도 속으로는 제발 한 번만 더 노크해 달라고 되뇌고 있을지도 모릅니다.

사랑과 관심은 누구에게든 필요합니다. 하지만 굳이 누군가에게 더 필요하다면 그건 바로 아이들일 것이라 믿어 의심치 않습니다. 서로를 이해하는 마음으로 공감하는 태도를 보인다면 그 어떤 관계든 개선될 여지가 충분합니다.

③ 관계가 반드시 나아질 수 있다고 확신하라

부모님과 소통하고 싶어 하지 않는 아이와 상담하게 되면 저는 다음과 같이 이야기해 줍니다.

"만약에 아빠가 회사에 출근하신다고 매일 나가시기는 하는데 월급도 공개 안 하고 매일 돈이 없다고만 말씀하신다면 넌 어떤 생각이 들 것 같니?"

"아빠가 왜 저러시지? 할 것 같아요. 저라도 빨리 취업해야 할 것 같고 불안할 것 같네요."

"그렇지? 부모님께서 네게 느끼는 감정도 그와 비슷해. 불안하고 '저러면 안 되는데.'라는 생각이 드는 거지. 그러니 먼저 부모님의 마음을 이해하고 공감하는 태도를 보여드리면 좋겠어. 틀림없이 부모님과 훨씬 더 좋은 관계로 지낼 수 있을 거야."

이렇게 말했을 때 아이들은 대체로 끄덕거리며 전보다 편안해진 표정을 짓습니다. 그리고 아직은 불안하지만 그래도 잘해 보겠다며 상담 자리를 떠납니다. 저와 상담하기 전까지 마음의 문을 닫은 듯 보였던 아이 중 대부분은 사실 그 누구보다 마음의 문을 열고 싶어 했으며 부모님과 진심으로 소통하고 싶어 했습니다. 다른 친구들처럼 부모님과 사이좋게 지내며 함께 영화도 보고 공원도 다니고 싶어 했습니다. 부모님을 거부한 게 아니라 무서워한 경우가 대부분이었습니다. 그러니 부모님께서는 자존심을 잠시 내려놓으시고 한 번만 더 자녀에게 다가가 꼭 안아주시기를 진심으로 권해드립니다.

집이란 공간과 가족이라는 단어가 주는 공통적인 감정이란 본래 편안함, 안정감, 쉼과 같은 긍정적인 감정입니다. 서로를 이해하고 배려하며 대화하는 부모와 자녀의 모습이 언제나 서로에게 안정감을 주는 건 이 때문입니다. 그러니 명심하세요. 자녀와의 긍정적인 대화는 자녀에게뿐만 아니라 부모님께도 안정감과 행복감을 선사한다는 걸 말입니다.

"가족이란
네가 누구 핏줄이냐가 아니야.
네가 누구를 사랑하느냐는 거야."

트레이 파커
Trey Parker

최상위 학생들의
멘탈을 위한 7 시크릿
핵심 포인트 노트

멘탈 시크릿 1. 공부 공간과 쉼 공간을 구분하라

1) 가족 간 충분한 정서적 교감을 이루어라

2) 보상으로서의 쉼을 제공하라

3) 집의 공간을 분리하라

멘탈 시크릿 2. 좋고 싫음을 분명히 인식하라

1) 왜 공부하는지 스스로 묻고 답하라

2) 원하는 대학과 학과를 구체적으로 파악하라

3) 미래에 원하는 모습을 구체적으로 시각화하라

멘탈 시크릿 3. 왜 의대에 가려는지 진지하게 고민하라

1) 의대에 정말 가고 싶은 게 맞는지 자문하라

2) 의대의 미래 가치를 객관적으로 파악하라

3) 의사의 책임감을 공감하고 감당하라

멘탈 시크릿 4. 공부의 본질에 몰입하라

1) 평가의 본질을 이해하라

2) 회피가 최선의 대안인지 고민하라

3) 어디서든 스스로 일상을 통제하라

멘탈 시크릿 5. 하루를 내 계획과 실천으로 채워라

1) 사교육이 정말 필요한지 파악하라

2) 자기주도학습 능력부터 키워라

3) 신념을 결과로 증명하라

멘탈 시크릿 6. 휴대전화에 인생을 맡기지 말라

1) 무작정 아이 탓부터 하지 말라

2) 전자기기 사용의 심각성을 깨달아라

3) 관계의 완벽주의에서 벗어나라

멘탈 시크릿 7. 가족과 긍정적으로 소통하라

1) 아이의 감정을 먼저 이해하고 공감하라

2) 내 스트레스를 죄 없는 가족에게 풀지 말라

3) 관계가 반드시 나아질 수 있다고 확신하라

—

자신감. 기대감. 열정. 무엇이든 해낼 수 있다는 확신과 벅차오름.
이 책의 시크릿을 깨달은 학생에게 다가올 감정입니다.
누구나 최상위 학생이 될 수 있습니다.
단언컨대 다음 차례는 이 책을 읽는 바로 당신입니다.

PART 2

최상위 학생들의 입시 성공을 위한 7 시크릿

나만의
원씽(One thing)을
찾아라

—

"지금 내게 가장 중요한 게 무엇인가?"

공부를 왜 해야 하는지에 대한 답을 스스로 깨닫고 이해할 수 있어야

공부에 대한 지속적인 의욕과 의지가 꾸준히 유지될 수 있습니다.

1) 주변 환경보다 자신에게 집중하라

잠시 다른 생각을 멈추고 자신이 주로 있는 공간을 떠올려 보시기를 바랍니다. 되도록 사람이 많은 곳이 좋습니다. 저는 학교 교실에 자주 있으니 교실이 이에 해당되는 장소라 할 수 있습니다. 이제 네 가지 질문에 답해주시길 바랍니다.

1. 그 장소에 가장 최근에 있었던 때가 언제였나요?
2. 그곳에 있었던 지인들은 누구였나요?
3. 지인들이 어떤 모습으로 그 장소에 있었나요?
4. 지인들이 입고 있던 옷은 어떤 색이었나요? 머리 길이는요? 안경을 쓰고 있었는지 아닌지 기억나시나요?

지금까지 꽤 많은 사람에게 이 질문을 해보았습니다. 그리고 결론은 대부분 똑같았습니다.

"솔직히 자세히 기억나지는 않아요."

제 질문을 받은 대다수 사람은 가장 좋아하는 친구이거나 바로 옆자리에 앉은 동료, 혹은 중요하게 생각하는 사람 정도만 기억날 뿐 나머지에 대해서는 자주 보는 사람인데도 불구하고 안경을 썼는지조차 기억나지 않는다고 답했습니다.

이처럼 주변 사람에게 큰 관심을 두지 않는 사람은 생각보다 꽤 많습니다. 하지만 이를 모르고 주변 사람을 지나치게 의식하는 사람 또한 많습니다. 학생들도 마찬가지입니다. 교실을 살펴보면 유난히 다른 사람의 시선에 신경 쓰고 눈치를 보는 학생들이 몇 명 눈에 띕니다. 누군가 자기를 계속해서 지켜보고 있다고 생각하는 건지 끊임없이 거울을 보며 외모를 확인하는 학생들도 있습니다. 하지만 이 학생들 대부분이 평소 부단히 신경 쓰는 것에 비해 그만큼의 큰 관심을 받지 못합니다.

물론 일상생활에 있어서 자기 행동이 주변 사람들에게 어떻게 비칠지 한 번 더 생각하고 행동할 필요는 분명히 있습니다. 이러한 생각과 행동은 상대방에 대한 배려에 가깝습니다. 하지만 하나부터 열까지 주변 사람들의 시선과 판단 기준에 맞춰서 생각하고 행동할 필요는 없습니다. 그러니 남들을 신경 쓰는 것보다 자기 내면에 집중할 수 있어야 합니다.

"요즘 생활하면서 고민이 있지는 않니? 표정이 어두워 보이는구나."
"괜찮아요. 그냥 공부하느라 힘들어서 그래요."
"어떤 공부가 힘드니? 재미있는 과목은 있니?"

"아뇨, 없어요. 재미있는 과목이라는 게 있을까요? 전 공부는 다 별로
거든요."

"그렇구나. 혹시 넌 공부를 왜 한다고 생각하니?"

"왜긴요. 엄마가 시키고 주변에서 다 하라니까 하죠. 다들 그러잖아요.
무조건 공부하라고."

대화 속 학생은 자신의 소신 없이 주변에서 공부하라니까 하고 주변
사람들의 시선에 맞춰서 사는 전형적이고도 평범한 고등학생이라는 걸
바로 눈치챌 수 있습니다. 평범하게 떠올릴 수 있는 선생님과 학생의 대
화 상황입니다.

그런데 다시 한번 생각해 보겠습니다. 과연 주변에서 이 학생에게 공
부하라고 직접 말하는 사람이 얼마나 있을까요? 적어도 친구들은 아닐
겁니다. 모르는 사람이 그럴 리도 없습니다. 수업을 듣지 않는 학생이라
면 몇몇 선생님께서 말씀하실 수도 있습니다. 하지만 수업을 잘 듣는 학
생이라면 굳이 공부하라 잔소리할 이유가 없습니다. 그렇다면 이 학생에
게 무조건 공부하라고 하는 사람은 대체 누굴까요?

바로 집에 있는 엄마나 아빠, 혹은 극소수의 어른들뿐입니다. 주변에
서 다 하라니까 한다지만 조금만 집중해서 생각해보면 주변에 직접 공
부하라는 사람이 그리 많지 않다는 걸 금세 알 수 있습니다. 사실 대다수
의 고등학교 학생은 공부하라고 잔소리하는 사람이 너무 많아서 힘든 게

아닙니다. 공부를 왜 해야 하는지 알지 못한 채 원래 학생이면 해야 하는 걸로 받아들이기 때문에 힘든 것입니다.

보통의 어른들도 늦게까지 일하고 집에 돌아오는 걸 힘들어합니다. 이유는 간단합니다. 돈을 번다는 것 이외에 자신이 일을 즐겁게 계속해서 할 이유를 찾지 못하고 있기 때문입니다. 만약 정말로 좋아하는 일이라면 늦게까지 하고 집에 오더라도 그만두고 싶다고 말하지 않습니다. 스스로 즐기고 좋아하는 일이라면 오히려 내일 출근하자마자 뭐부터 해야 할지 생각한 뒤 자기 전까지 다음 날 할 일을 빼곡하게 메모하고 확인합니다. 이처럼 스스로 만족할 만한 일을 하는 사람에게 일의 강도는 그리 중요한 요소가 아닙니다.

'그래? 그렇다면 당장이라도 삶의 전환점을 만들고 바꾸면 되잖아?'라고 생각하실 수도 있습니다. 하지만 대다수 사람은 생각한 것을 정리해 바로 행동에 옮기거나 실천하지 않습니다.

힘드니까. 지치니까. 몸이 피곤하니까. 다음에 하면 되니까.

일단 지금 당장은 아무것도 하지 않으려 합니다. 아이들이 집에 와서 '오늘만 놀자.'라고 생각하며 휴대전화에 태블릿만 바라보고 있듯이 어른들도 집에 와서 '오늘만 쉬자.'라고 생각하며 치킨에 맥주 하나 시켜 놓고 TV를 켭니다. 어른도 아이와 크게 다르지 않다는 겁니다.

힘들다는 감정을 느끼는 건 주변 환경이 아닙니다. 바로 나 자신입니다. 따라서 주변 환경보다 먼저 나 자신에게 집중할 줄 알아야 합니다.

	어른	아이
생각	○ 오늘은 너무 피곤해. ○ 내일 해도 되는 거잖아. ○ 또 야근이야? 벗어나고 싶어.	○ 지금은 공부하고 싶지 않아. ○ 시험과 숙제가 너무 많아. ○ 학교랑 학원에 그만 다니고 싶어.
행동	○ 침대에 눕는다. ○ TV나 휴대전화를 바라본다. ○ 술을 마신다.	○ 멍하니 앉아 있거나 엎드려 잔다. ○ 휴대전화나 태블릿을 바라본다. ○ 학원 대신 PC방, 노래방에 간다.

주변 환경이 나를 괴롭히는 게 아닙니다. 주변 사람은 생각보다 내게 관심이 없습니다. 내가 힘든 이유가 주변 환경 때문이라고 생각한다면 그건 핑계일 가능성이 매우 큽니다. 따라서 이제라도 현재 자신에게 가장 중요한 One Thing이 무엇인지 함께 고민해야 합니다.

2) 공부해야 하는 이유를 스스로 찾아라

공부를 왜 해야 하는지에 대한 답을 스스로 얻지 못했거나 공부가 너무 하기 싫은 학생들이 상담을 요청할 때가 있습니다. 사실 이 글을 쓰기 바로 전날에도 공부를 왜 해야 하냐는 질문을 한 학생이 있었습니다. 저는 이 학생에게 다음과 같이 되물었습니다.

"네가 게임을 정말 잘하면 공부할 필요가 있을까? 당연히 없겠지. 피겨스케이팅을 누구보다 잘한다면? 이 또한 마찬가지일 거야. 랩을 너무 잘하면? 곡을 만들거나 랩 경연에 나가는 게 좋겠지. 하지만 잘하는 게 없는데 좋아하는 것조차도 없으면 그때는 어떻게 해야 할까?"

이 학생은 제게 "그러면 공부해야겠죠."라고 답했습니다.

"해야 하는 게 왜 하필 공부일까?"
"그거야 아직 정말 좋아하거나 잘하는 게 아직 없으니까요."

혹시 느끼셨나요? 방금 이 학생이 자기가 공부해야 하는 이유를 스스로 이해하기 시작했다는 것을 말입니다. 공부는 10대의 학생들만 하는 게 아닙니다. 무언가 잘하고 싶은 사람이 하는 게 바로 공부입니다.

영어를 잘하고 싶은 사람이 토익을 공부하는 것
농구를 잘하고 싶은 사람이 농구 규칙을 이해하는 것
수영을 잘하고 싶은 사람이 자유형 자세를 배우는 것

이 모든 게 공부입니다. 즉, 공부는 사람이라면 누구나 해야 합니다. 배워야 써먹을 수 있으니 열심히 공부하는 것입니다. 우리는 모두 계속해서 공부해야 하는 프로페셔널 스튜던트[13]입니다.

그런데 고등학생들은 아직 자신이 영어를 잘하고 싶은지, 농구를 잘하고 싶은지, 수영을 잘하고 싶은지, 대체 어떤 걸 잘 알고 이해해야 하는지 정확히 알지 못합니다. 하고 싶은 게 있거나 원하는 꿈이 있냐는 질문에 대해 "잘 모르겠어요."라는 대답만 반복할 뿐입니다. 그렇기에 학교에서 우리 언어인 국어와 가장 보편적인 외국어인 영어, 세상을 이해하는데 꼭 필요한 수학, 과학, 사회 등의 다양한 과목을 배우는 것입니다.

따라서 고등학생 자녀가 있으시다면 '지금 가장 중요한 게 무엇인가?'에 대한 질문에 아이 스스로 답할 수 있도록 도와주셔야 합니다. 인터넷 강의를 하나 더 듣고 학원 수업 하나를 더 수강하는 게 중요한 게 아니니

---

13) 김용섭, 『프로페셔널 스튜던트』, 퍼블리온(2021)

다. 자기가 왜 지금 공부해야 하는지 스스로 이해하고 실천하는 게 우선입니다. 그래야만 큰 슬럼프 없이 앞으로 꾸준히 발전하기 위해 한 걸음한 걸음 계속해서 나아갈 수 있습니다.

3) 누구보다 적극적으로 공부하라

저는 학생들에게 탁월하게 이루고 싶은 게 있다면 당연히 그걸 배우는데 집중해야 한다고 말해줍니다. 하지만 그보다 집중해서 배우고 싶은게 무엇인지부터 먼저 찾아야 한다고 조언합니다.

"아직 좋아하는 게 뭔지, 앞으로 하고 싶은 게 뭔지 잘 모르겠다는 거지?"

"네. 잘 모르겠어요."

"벌써 너의 진로를 구체적으로 정할 필요는 없어. 하지만 지금의 모호함이 앞으로 자연스럽게 없어지진 않아. 스물다섯 살이 되어도 뭘 해야할지 모르는 사람은 여전히 많단다."

"저도 맞는 말이라 생각해요."

"그렇지? 그러니 지금부터라도 네 진로에 관해 조금씩 관심을 가져볼까? 대체 뭘 해야 서른 살에도 행복하게 살 수 있을지 생각해보자는 거야."

이처럼 학생에게 원하는 목표가 있는지 물어본 뒤 목표를 이룰 만한 대학을 정합니다. 대학의 입학처 홈페이지에 접속해 입학 전형 시행계획을 내려받고 모집 단위별 모집 인원을 보여줍니다. 대학은 꼭 가고 싶은 곳이 아닐지라도 평소 호감을 느끼던 대학이라면 충분합니다. 실제 이 활동을 통해 진로에 대한 윤곽을 잡은 학생이 꽤 많습니다. 따라서 다음 모집 인원 표[14]를 잘 살펴보시고 같이 따라 해보시기를 추천해 드립니다.

---

14) 고려대학교 입학처 홈페이지, "2025학년도 고려대학교(서울) 입학 전형 시행계획", p.6.

고려대학교 KOREA UNIVERSITY

Ⅱ 모집단위별 모집인원

■ 수시모집, 정시모집 모집단위별 모집인원

대학(학부)	계열	모집단위	정원	학생부교과 학교추천전형	학생부종합 학업우수전형	계열적합전형	고른기회전형	재직자전형	사이버국방전형	논술 논술전형	실기/실적 특기자전형	수능 일반전형	교과우수전형	농어촌전형	사회배려전형	특수교육전형	특성화고전형
경영대학	인문	경영대학	320	52	72	46	15	–	–	16	–	82	37	10	3	◎	◎
문과대학	인문	국어국문학과*	54	9	11	7	3	–	–	4	–	14	6	2	1	◎	◎
		철학과*	40	11	5	3	2	–	–	4	–	10	5	1	1	◎	◎
		한국사학과	24	4	5	3	1	–	–	2	–	6	3	1	–	◎	◎
		사학과*	43	7	8	5	2	–	–	5	–	11	5	1	1	◎	◎
		사회학과*	74	12	15	9	4	–	–	6	–	19	9	2	1	◎	◎
		한문학과*	24	4	5	3	1	–	–	2	–	6	3	1	–	◎	◎
		영어영문학과*	100	16	20	12	5	–	–	9	–	26	12	3	2	◎	◎
		독어독문학과*	35	6	7	4	2	–	–	3	–	9	4	1	1	◎	◎
		불어불문학과*	38	6	7	5	2	–	–	4	–	10	4	1	1	◎	◎
		중어중문학과*	51	8	10	6	2	–	–	6	–	13	6	2	1	◎	◎
		노어노문학과*	35	6	7	4	2	–	–	3	–	9	4	1	1	◎	◎
		일어일문학과*	41	7	8	5	2	–	–	3	–	11	5	1	1	◎	◎
		서어서문학과	46	7	9	6	2	–	–	5	–	12	5	1	1	◎	◎
		언어학과	28	4	6	3	1	–	–	4	–	7	3	1	1	◎	◎
생명과학대학	자연	생명과학부*	95	15	19	11	5	◎	–	10	–	24	11	3	1	◎	◎
		생명공학부	105	17	23	13	5	◎	–	10	–	27	12	3	2	◎	◎
		식품공학과	44	7	10	5	2	◎	–	5	–	11	5	1	1	◎	◎
		환경생태공학부	67	11	13	8	3	◎	–	7	–	17	8	2	1	◎	◎
	인문	식품자원경제학과	53	9	10	6	3	–	–	5	–	14	6	2	1	◎	◎
정경대학	인문	정치외교학과*	74	12	15	9	4	–	–	6	–	19	9	2	1	◎	◎
		경제학과*	128	21	25	15	6	–	–	13	–	33	15	4	2	◎	◎
		통계학과*	67	11	13	8	3	–	–	7	–	17	8	2	1	◎	◎
		행정학과*	73	12	14	9	4	–	–	6	–	19	9	2	1	◎	◎
이과대학	자연	수학과*	44	7	9	5	2	–	–	5	–	11	5	1	1	◎	◎
		물리학과*	44	7	9	5	2	–	–	5	–	11	5	1	1	◎	◎
		화학과*	44	7	9	5	2	–	–	5	–	11	5	1	1	◎	◎
		지구환경과학과	34	4	6	5	2	–	–	4	–	9	4	1	1	◎	◎
공과대학	자연	화공생명공학과	79	13	17	4	4	◎	–	13	–	20	9	2	1	◎	◎
		신소재공학부	129	21	26	16	6	◎	–	12	–	33	15	4	2	◎	◎
		건축사회환경공학부	91	15	18	11	4	◎	–	9	–	23	11	3	1	◎	◎
		건축학과	40	6	8	5	2	◎	–	4	–	10	5	1	1	◎	◎
		기계공학부	133	21	26	16	6	◎	–	15	–	34	15	4	2	◎	◎
		산업경영공학부	52	8	10	6	2	◎	–	7	–	13	6	2	1	◎	◎
		전기전자공학부	164	27	39	20	8	◎	–	10	–	42	19	5	2	◎	◎
		반도체공학과	30	–	10	10	–	–	–	–	–	10	–	–	–	–	–
		융합에너지공학과	30	5	6	4	1	◎	–	3	–	8	3	1	1	◎	◎
		차세대통신학과	30	–	10	10	–	–	–	–	–	10	–	–	–	–	–
의과대학	자연	의과대학	106	18	29	15	5	–	–	–	–	27	12	3	2	–	–

고려대학교 모집 단위별 모집 인원을 예시로 든 이유는 모집 단위 학과가 다른 대학교에 비해 비교적 세부적으로 나뉘어 있기 때문입니다. 요즘은 이화여대, 카이스트, 한동대와 같이 몇백 명 단위로 통합 선발하는 대학도 많아서 지금 제가 하려는 활동에는 고려대학교 모집 인원 표와 같이 세부적으로 나누어진 경우가 더 도움이 됩니다.

"학과가 참 많지? 혹시 여기에서 배우고 싶은 전공이나 가고 싶은 학과가 있을까?"

"학과 이름만 봐서는 어디가 좋은 곳인지 잘 모르겠어요."

이처럼 대다수 학생이 가고 싶은 학과를 정해야 할 때 선뜻 선택하지 못합니다.

그래서 저는 그 반대의 방법을 활용합니다.

"하지만 가고 싶지 않은 학과는 좀 있지 않니? 나랑 맞지 않거나 너무 어려울 것 같은 곳 말이야."

"가기 싫은 곳을 골라도 되나요?"

"물론이지. 지원하고 싶지 않은 곳부터 먼저 지워보는 거야. 시작해 볼까?"

저는 진로 고민이 있거나 공부가 별로 하고 싶지 않다며 상담을 요청하는 학생에게 이 활동을 많이 권합니다. 반응은 가히 폭발적입니다. 정말 놀라울 정도로 가기 싫은 학과를 거침없이 지워나갑니다. 가고 싶은 학과를 선택해야 할 때는 별 반응이 없던 학생들도 특정 학과의 이름을 언급하며 학과 특성을 구체적으로 물어봅니다.

"많이 지웠네? 가고 싶지 않은 학과를 지우고 나니 어떤 기분이 들어?"
"가고 싶은 학과를 고를 때보다 명확해지는 것 같아요. 이렇게 지우고 나니 남는 학과가 별로 없는 거 있죠? 선생님 덕분에 제가 선호하는 학과가 어딘지 깨닫게 되었어요."

학생들의 지우기 활동이 끝나고 나면 앞 표의 맨 왼쪽에 있는 대학(학부) 칸을 다시 보시면 됩니다. 그러면 신기하게도 학과가 많이 지워진 대학(학부) 칸과 지워지지 않은 대학(학부) 칸이 구별되는 걸 확인하실 수 있습니다. 학생의 성향에 어울리는 학부와 어울리지 않는 학부가 한눈에 보이게 되는 것입니다.

"취직이 어려워서 이과에 가고 수학이 어려워서 문과에 가는 게 아니야. 그런 건 네 삶을 길게 봤을 때 결코 중요한 게 아니란다. 중요한 건 바로 너 자신이지. 네가 좋아하는 걸 배울 수 있어야 그 대학과 학부에서의 시간이 가치 있게 활용되지 않을까?"

"하지만 다들 이과가 취직하기 좋다고 하는걸요?"

"타인의 기준에 맞춰서 지원하면 안 돼. 특정 과목이 어렵다고 해서 쉽게 포기해서도 안 돼. 그래야 네 삶에 정말 도움이 되는 대학 생활을 할 수 있어. 하지만 안타깝게도 정말 많은 고3 학생이 6월이 넘어서야 자기 진로에 대해 고민하기 시작하고 몇 달도 채 되지 않아 담임 선생님, 학원 선생님, 부모님 의견에 맞춰서 대학에 입학한단다. 네 삶에 단 한 번뿐인 귀한 스무 살을 남들의 의견에 맞춰 허무하게 보내버리게 되는 거지."

타인의 기준에 맞춰 대학에 입학한 학생 중 상당수가 자기 전공이나 대학 생활에 적응하지 못하고 자퇴 또는 재수의 길을 택합니다. 따라서 당장 지금부터 학생에게 어울리는 진로에 관해 진지하게 고민할 줄 알아야 합니다. 그래야 대학을 졸업하고 사회에 나가서도 학생이 정말로 원하던 삶을 살 수 있습니다.

제게 상담을 신청했던 학생 중 앞으로 잘 살고 싶은 생각이 없거나 대충 살고 싶다고 말한 학생은 아무도 없었습니다. 어떻게 해야 잘 살 수 있는지, 공부를 잘할 수 있는지, 그 방법을 몰라 도움을 요청할 뿐이었습니다. 사람은 누구나 잘 살고 싶어 하고 원하는 삶을 살고 싶어 합니다. 그러니 이러한 활동을 통해 자신의 진로에 관해 진지하게 생각하고 다시 열심히 공부해야겠다는 의지를 스스로 가질 수 있도록 도와줘야 합니다.

현대 사회를 살아가는 우리는 앞으로 인공지능과 함께 공존하며 살아가야 합니다. 따라서 아무리 좋아하고 잘하는 것을 찾아 전공으로 배웠다고 한들 인공지능이 더 잘하게 된다면 자신의 직업을 빼앗길 수도 있습니다. 이는 배우고자 하는 의지 하나만으로 해결할 수 있는 문제가 아니기에 향후 인공지능과 공존할 때도 전망이 좋은 직업에는 어떤 게 있는지 먼저 정확히 파악할 필요가 있습니다. 그러므로 진로에 고민이 있는 고등학생들을 도울 방법을 하나 더 소개하겠습니다.

저는 학생들에게 인공지능 시대에 유망한 직업을 모은 다음 자료[15]를 나누어준 뒤 고려대학교 모집 단위별 모집 인원 표를 보며 자료에 쓰인 설명만 본 상태에서 원하지 않는 직업을 지우도록 지도합니다. 잘 모르겠거나 애매한 직업, 마음에 드는 직업에는 아무 표시도 하지 않고 오직 원하지 않는 직업에만 X 모양 표시를 하도록 도와줍니다.

_____

15) 나침반 36.5도 매거진 2019년 4월호 커버스토리 기사 내용을 압축해 표로 정리함.

1. 데이터과학자	2. 수간호사	3. 마케팅 매니저	4. 작업치료사	5. 프로덕트 매니저	6. 데브옵스 엔지니어
방대한 데이터에서 기업 비즈니스에 활용할 중요 정보를 발굴, IT, 빅데이터	간호사를 관리하는 의료전문가, 간호 능력 필요 business skill을 요구	업계 동향 조사 정보를 고객에게 제공, 기업과 고객 간의 커뮤니케이션을 제공	병원, 요양병원, 정신병원, 치매센터에서 근무, 고령사회에 전망이 밝음	상품 판매를 위한 전략을 세우고 관리, 고객의 피드백을 제품 개발에 제공	소프트웨어 개발과 출시, 운영을 모두 아우르는 작업, 업무 범위가 넓음
7. 프로그램 매니저	8. 데이터 엔지니어	9. HR 매니저	10. 소프트웨어 엔지니어	11. 기계공학 엔지니어	12. 의사 보조사
장기적인 목표를 세우고 여러 프로젝트를 관리, 감독	데이터과학자와 일하며 분석보다 자료수집, 보관, 유지, 관리, 인프라 구축	인적자원을 관리, 기업인사팀 근무, 사원 채용과 연봉, 대출, 보상을 담당	컴퓨터 등의 기기 시스템을 제어, 관리하는 소프트웨어를 전문적으로 개발	기계 시스템, 열장치, 공정 등을 설계 제작, 광범위한 기계 제작을 담당	만성적 의사 부족 해결을 위해 미국에서 대중화된 직업, 환자 처방, 진단 가능
13. 서비스영업 매니저	14. 세일즈 엔지니어	15. 운영 매니저	16. 사업 전략 매니저	17. 보안 엔지니어	18. 건설사업 관리자
영업사원을 독려해 매출을 올릴 수 있도록 관리, 지원	판매상품의 전문지식, 기술을 갖고 고객에게 사용법 등의 전문적인 기술 전달	상품기획부터 원자재 공급, 생산, 운송, 반송, 환급까지 전 과정 효율적 관리	기업의 사업 목표를 설정하고 목표를 달성하는 최선의 전략을 설계	기업 네트워크, 시스템, 데이터 등의 정보자산을 보호하기 위한 기술 설계, 구현	건설계약, 공정, 원가, 안전, 자재 관리, 정보 등을 종합적으로 관리
19. 언어재활사	20. 프로젝트 매니저	21. 프로덕트 디자이너	22. 자바 개발자	23. 임원 비서	24. 전기기사
의사소통 관련 모든 장애를 치료, 개선, 활동 범위가 상당히 넓음(각종 장애)	프로젝트 전체를 관리하고 결과물 도출, 프로젝트계획, 실행에 종합적 책임을 짐	제품 디자인이 완성될 때까지 데이터 취합, 테스트, 완성의 전체 과정을 관리	프로그래밍 언어 JAVA를 활용해 웹, 모바일, 앱 맞춤 제작 관련 업무	기업체 고위직 임원을 가까이에서 보좌하는 일을 담당	전기기계나 기구를 제작하고 관리, 공사 현장에서 변전시설 유지, 보안 관리
25. 재무 매니저	26. 비즈니스 분석가	27. 솔루션 설계자	28. 채용담당자	29. 사업 개발 매니저	30. 치위생사
기업의 회계 마감과 결산, 국외 법인 재무관리, 자금 및 예산관리, 데이터분석	기업의 경영성과 개선을 위해 데이터를 기반으로 경영전략, 투자 타당성 분석	고객의 요구사항에 따라 소프트웨어나 시스템, 애플리케이션을 설계, 제공	기업에 소속되어 채용관리 업무를 담당	새로운 사업 기회를 찾아 사업을 기획하고 마케팅하며 판매하는 전 과정 관리	치과의사 진료에 협조해 스케일링 등을 처치, 환자의 구강건강을 관리

31. 데이터 분석가	32. 임상간호사	33. 애플리케이션엔지니어	34. 품질관리 담당자	35. 리스크 매니저	36. 커뮤니케이션매니저
데이터 기반으로 통계상 유의미한 결과를 도출해 고객 질문에 솔루션 제공	의사를 보조해 처방과 진단 가능, 의사 보조사와 비슷하나 독립성이 더 강함	고객이 요구하는 애플리케이션을 개발 관리, 활용 방법 교육	제품이나 서비스가 최상의 상태로 고객에게 전달될 수 있도록 품질을 검증	국내외 주식, 선물 옵션, 채권, 자금, 외환시장에서 시장 위험을 분석, 통제	기업 비즈니스, 평판 관리, 위기 대응을 위해 언론, SNS 소통 전략 수립, 실행
37. 물리치료사	38. 시설관리자	39. 시스템 엔지니어	40. 고객 성공 관리자	41. 방사선사	42. 레스토랑 지배인
만성통증, 기능 장애 환자를 운동요법이나 기구, 장비를 활용해 치료	부동산 시설을 최상의 상태로 유지, 가치를 높이기 위해 시설물을 책임, 관리	소프트웨어가 잘 작동할 수 있도록 기반 시스템, 인프라 구조 설계, 운영, 관리	고객이 자사의 상품, 서비스를 이용해 원하는 결과를 얻을 수 있도록 지원	의사를 보조해 환자의 신체 질병, 장애를 진단하기 위해 방사선 장비를 조작	레스토랑의 운영과 영업을 총괄 관리하고 종업원들의 활동을 관리, 감독
43. 소프트웨어 엔지니어링 매니저	44. 소프트웨어 개발자	45. 안전관리자	46. UX디자이너	47. 사무관리자	48. 브랜드 매니저
프로젝트 전체를 이끌고 관리, 엔지니어 관리 및 지원	소프트웨어의 설계와 코딩을 담당, 프로젝트의 기획, 제작, 관리에 모두 관여	사업장 안전 관련 기술적 문제를 관리, 감독, 교육 진행	컴퓨터, 스마트폰 등을 사용자가 특별한 교육 없이도 쉽게 사용하도록 디자인	경영업무를 원활히 할 수 있도록 경리, 재무, 총무, 영업 지원 등을 총괄 관리	브랜드 가치를 높이기 위해 자신이 담당한 브랜드를 총체적으로 관리
49. 소프트웨어 개발 매니저	50. 시스템 관리자				
소프트웨어개발자들이 역량을 최대한 발휘할 수 있도록 관리	컴퓨터 시스템이나 네트워크 운영 유지, 보수, 컴퓨터 관련 문제 기술적 지원				

이 자료는 미국에서 10년 뒤 유망할 거라 뽑은 직업 Top 50입니다. 각 직업의 특성을 정확히 나누는 건 불가능하겠지만 학생들에게 각 직업의 대략적인 특성을 설명해야 하기에 서로 연관이 있다고 여겨지는 직업끼리 같은 색으로 표현했습니다. 소프트웨어 및 데이터 관련 분야를 진한 파란색으로, 의료 관련 분야를 연한 파란색으로, 기업 관련 분야를 회색으로 표현했습니다.

50개의 직업을 가장 유망한 직업부터 번호 순서대로 나열했기 때문에 1번인 데이터 사이언티스트가 앞으로 가장 유망한 직업으로 선정되었음을 알 수 있습니다. 데이터 사이언티스트는 데이터의 다각적 분석을 통해 조직의 전략 방향을 제시하는 기획자이자 전략가입니다. 수많은 데이터 속에서 새로운 가치를 창출하는 주체는 결국 사람이라는 인식이 확대되면서 데이터 사이언티스트에 관한 관심은 지금도 계속해서 높아지고 있습니다. 데이터 사이언티스트의 연봉은 미국에서 2020년 기준 Level 1(0~3년 경력) 기준 10만 달러, Level 2(4~8년 경력) 기준 13만 달러, Level 3(9년 이상 경력) 기준 16만 달러 수준입니다.[16]

---

16) 위스콘신 대학교, "데이터 사이언티스트 연봉 검색 결과",
https://datasciencedegree.wisconsin.edu/data-science/data-scientist-salary/

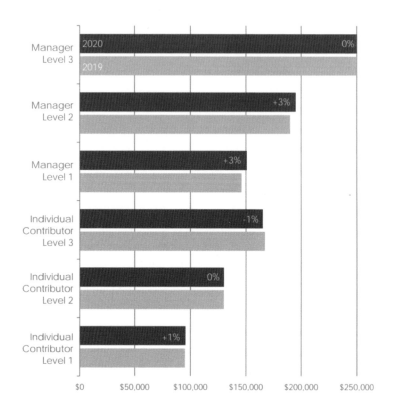

Figure 2 Comparison of **Data Scientists'** Median Base Salaries by Job Category

최근 데이터 사이언티스트의 연봉을 공개하는 영상과 자료에 따르면 11만 달러 이상의 연봉을 받는 데이터 사이언티스트가 이미 많다는 걸 확인할 수 있습니다. 3년 이내 경력 기준 1년에 한화 기준 1억 이상을 받을 수 있다는 뜻입니다. 한국에서 열심히 공부해서 명문 대학교에 유망하다는 학과를 나온다고 해도 졸업하자마자 연봉 1억 이상을 안정적으로 받기가 쉽지 않다는 걸 고려하면 금전적인 측면에서 충분히 매력적인 직업이라고 할 수 있습니다.

데이터 사이언티스트가 인공지능을 제어하는 능력을 갖추고 있다는 점도 큰 장점입니다. 물론 데이터 사이언스 분야 또한 앞으로 큰 변화를 겪을 것입니다. 곧 다가올 미래에 변화하지 않을 산업은 없기 때문입니다. 다만, 앞으로의 다양하고 광범위한 산업의 변화에 있어서 데이터 사이언스와 같은 직업군의 사람들이 변화에 가장 앞장설 수 있기에 시간이 지나도 가장 유망한 직업 상위 순위에 꾸준히 위치할 것입니다.

이 자료까지 학생과 공유했다면 다음 자료를 나누어준 뒤 소득과 직업 만족도, 구인 건수 모두를 확인하고 추가로 원하지 않는 직업을 지우도록 지도합니다. 조금 전 활동과 다른 점이 있다면 잘 모르겠거나 애매한 직업에 세모 모양 표시를 하고 괜찮다고 느끼는 직업에 동그라미 모양 표시를 할 수 있도록 도와줘야 한다는 것입니다.

1. 데이터과학자	2. 수간호사	3. 마케팅 매니저	4. 작업치료사	5. 프로덕트 매니저	6. 데브옵스 엔지니어
중위소득$108,000 직업만족도 4.3 구인건수 6,510 만족도, 소득 높음	중위소득$83,000 직업만족도 4 구인건수 13,931 채용수요 많음	중위소득$82,000 직업만족도 4.2 구인건수 7,395 직업만족도 높음	중위소득$74,000 직업만족도 4 구인건수 17,701 채용수요 매우 많음 우리나라 전망도 밝음	중위소득$115,000 직업만족도 3.8 구인건수 11,884 만족도 대비 소득↑	중위소득$106,000 직업만족도 4.1 구인건수 4,657 직업만족도 높음
7. 프로그램 매니저	8. 데이터 엔지니어	9. HR 매니저	10. 소프트웨어 엔지니어	11. 기계공학 엔지니어	12. 의사 보조사
중위소득$87,000 직업만족도 3.9 구인건수 14,753 직업만족↑, 채용↑	중위소득$100,000 직업만족도 3.9 구인건수 4,739	중위소득$85,000 직업만족도 4.2 구인건수 3,908 직업만족도 높음	중위소득$104,000 직업만족도 3.6 구인건수 49,007 만족도 대비 소득↑	중위소득$75,000 직업만족도 3.9 구인건수 5,949 미래역할 중요성↑	중위소득$105,000 직업만족도 3.7 구인건수 9,819 한국도 도입 시도
13. 서비스영업 매니저	14. 세일즈 엔지니어	15. 운영 매니저	16. 사업 전략 매니저	17. 보안 엔지니어	18. 건설사업 관리자
중위소득$65,000 직업만족도 3.8 구인건수 21,695 채용수요 매우 많음	중위소득$90,000 직업만족도 4.1 구인건수 3,145	중위소득$68,000 직업만족도 3.8 구인건수 18,311 채용수요 많음	중위소득$140,000 직업만족도 4 구인건수 2,783 소득이 높음	중위소득$102,000 직업만족도 3.8 구인건수 4,683 만족도 대비 소득↑	중위소득$75,000 직업만족도 4.3 구인건수 3,334 만족도 높은 편
19. 언어재활사	20. 프로젝트 매니저	21. 프로덕트 디자이너	22. 자바 개발자	23. 임원 비서	24. 전기기사
중위소득$72,000 직업만족도 3.7 구인건수 29,467 채용수요 매우 많음	중위소득$75,000 직업만족도 3.6 구인건수 30,107 채용수요 매우 많음	중위소득$100,000 직업만족도 4.5 구인건수 2,158 만족도, 소득 높음	중위소득$85,000 직업만족도 3.7 구인건수 6,636	중위소득$60,000 직업만족도 4.1 구인건수 4,858 직업만족도 높음	중위소득$77,000 직업만족도 3.7 구인건수 7,191 수요 증가하는 중
25. 재무 매니저	26. 비즈니스 분석가	27. 솔루션 설계자	28. 채용담당자	29. 사업 개발 매니저	30. 치위생사
중위소득$118,000 직업만족도 3.8 구인건수 3,747 만족도 대비 소득↑	중위소득$72,000 직업만족도 3.7 구인건수 13,340 채용수요 많음	중위소득$127,900 직업만족도 3.6 구인건수 6,969 만족도 대비 소득↑	중위소득$48,000 직업만족도 4.1 구인건수 9,782 소득 대비 만족도↑	중위소득$80,000 직업만족도 3.7 구인건수 6,348	중위소득$67,250 직업만족도 4.5 구인건수 2,805 직업만족도 높음 국내 처우 열악함
31. 데이터 분석가	32. 임상간호사	33. 애플리케이션엔지니어	34. 품질관리 담당자	35. 리스크 매니저	36. 커뮤니케이션매니저
중위소득$60,000 직업만족도 3.9 구인건수 5,456	중위소득$102,000 직업만족도 3.5 구인건수 18,997 만족도↓, 채용↑, 소득↑	중위소득$77,000 직업만족도 4 구인건수 2,591	중위소득$91,250 직업만족도 4.1 구인건수 1,923 채용↓, 만족도↑, 소득↑	중위소득$100,500 직업만족도 3.7 구인건수 3,924 만족도 대비 소득↑	중위소득$80,000 직업만족도 4.2 구인건수 2,009 직업만족도 높음

37. 물리치료사	38. 시설관리자	39. 시스템 엔지니어	40. 고객 성공 관리자	41. 방사선사	42. 레스토랑 지배인
중위소득$70,000 직업만족도 3.6 구인건수 34,899 채용수요 매우 많음	중위소득$65,000 직업만족도 4 구인건수 3,472	중위소득$90,000 직업만족도 3.5 구인건수 16,753 만족도↓, 채용↑, 소득↑	중위소득$65,000 직업만족도 4.2 구인건수 2,601 직업만족도 높음	중위소득$48,000 직업만족도 4 구인건수 6,115	중위소득$49,000 직업만족도 3.8 구인건수 21,754 채용수요 매우 많음
43. 소프트웨어 엔지니어링 매니저	44. 소프트웨어 개발자	45. 안전관리자	46. UX디자이너	47. 사무관리자	48. 브랜드 매니저
중위소득$153,000 직업만족도 4 구인건수 1,445 소득이 가장 높음	중위소득$80,000 직업만족도 3.5 구인건수 11,833	중위소득$71,000 직업만족도 4.1 구인건수 2,180 국내 50인 이상 사업자에 의무적으로 필요한 직업	중위소득$99,000 직업만족도 3.7 구인건수 3,333	중위소득$42,000 직업만족도 3.9 구인건수 18,681 소득↓, 채용↑	중위소득$85,000 직업만족도 4.3 구인건수 1,500
49. 소프트웨어 개발 매니저	50. 시스템 관리자	숫자 순서			
중위소득$140,000 직업만족도 4.2 구인건수 1,178 채용↓, 만족도↑, 소득↑	중위소득$68,000 직업만족도 3.6 구인건수 8,278	10년 후 유망한 직종을 순서대로 나열			

 이제 학생이 동그라미 표시한 직업과 고려대학교 모집 단위별 모집 인원 표에 X 표시가 없는 학과의 공통점을 찾는 활동만이 남았습니다. 이 마지막 활동을 통해 우리는 학생이 좋아하는 분야와 인공지능 시대에 유망한 직업을 연결해 학생에게 현재 가장 적합한 학과를 추천할 수 있습니다. 또한, 임의의 학과에 진학했을 때보다 이 활동으로 찾은 학과에 진학했을 때 더 자기 일을 사랑하면서도 인정받을 수 있는 확률이 높을 거라 판단할 수 있습니다.

"이 활동을 하고 나니 데이터 사이언티스트라는 직업에 관심이 생겼어요."

"좋아. 가기 싫은 학과를 지운 모집 인원 표에 남은 학과 중 데이터 사이언티스트라는 직업과 관련된 학과가 있을까?"

"통계학과와 관련된 거 같아요. 주어진 자료를 분석할 줄 알아야 할 테니까요."

"잘 찾았구나. 이렇게 같이 활동하고 나니 갑자기 하고 싶은 게 생긴 느낌이지? 사실 하고 싶은 게 없던 게 아니라 못 찾았던 것뿐이란다."

"네 선생님. 저도 통계학을 전공으로 배우고 싶어졌어요. 공부하고 싶다는 생각이 확실히 전보다 더 강하게 들어요."

"지금처럼 스스로 공부하고 싶다는 마음이 생겨야 앞으로도 계속 공부량을 유지할 수 있는 거란다."

"네. 이번에는 진짜 제대로 해보고 싶어요! 이렇게 가슴이 뜨거워지는 기분은 처음이에요 선생님. 꿈이 생긴다는 게 참 좋은 거였네요."

"지금 내게 가장 중요한 게 무엇인가?"

아이가 이 질문에 관해 고민하기 시작했다면 스스로 가장 중요한 나만의 One Thing을 찾아 집중하고 몰입할 수 있도록 적극적으로 도와주셔야 합니다. 공부를 왜 해야 하는지에 대한 답을 스스로 깨닫고 이해할 수 있어야 공부에 대한 지속적인 의욕과 의지가 꾸준히 유지될 수 있습니다.

하루하루
절실하게
공부하라

—

지금 당장 플래너든, 공스타그램이든, 타임 랩스든,

그 어떤 것으로든 현재 자기가 하는 공부를

적극적으로 공유할 수 있기를 바랍니다.

1) 투지와 실천, 성취감의 선순환을 경험하라

요즘 중 · 고등학생들을 포함한 MZ세대에게 대세는 인스타그램입니다. 즉석에서 사진을 찍고 확인할 수 있다는 'Instant'와 전보를 친다는 'telegram'을 합쳐서 만든 이름처럼 인스타그램의 가장 큰 특징은 바로 언제 어디서든 찍은 사진을 바로 올리고 확인할 수 있다는 것입니다. 인스타그램에서는 누구나 영상의 생산자가 될 수 있으면서 동시에 소비자가 될 수 있습니다. 대체 왜 이렇게 자신의 얼굴이 담긴 영상을 전 세계 사람들이 볼 수 있게 공유하는 것일까요? 그 답은 생각보다 단순합니다. 사람에게는 누구나 어딘가에 소속되어 관심받고 인정받으려 하는 사회적 욕구[17]가 있기 때문입니다.

인간은 개인으로 존재하고 있지만 타인과 장기간 관계를 맺지 않으면 소외감과 고립감을 느끼는 사회적 동물입니다. 그러니 주변 사람들의 관심을 받고 싶어 하는 건 당연합니다. 하지만 그렇다고 해서 온종일 할 일을 잊고 인스타그램과 같은 SNS에만 집중할 수는 없는 노릇입니다. 따라서 저는 SNS를 의도적으로 멀리하면서도 사회적으로 관심받고 인정받으려는 인간 본연의 특성을 발휘하는 방법을 교육에 접목해 활용하고

17) 매슬로우의 욕구 5단계 중 사회적 욕구

자 합니다.

다음 내용은 제가 지금까지 16년째 교직 생활을 하며 아이들에게 가장 필요하다고 느낀 10가지 핵심 덕목들을 나열한 것입니다.

1. 자기 자신을 사랑한다. (자존감)

2. 다른 사람들을 배려한다. (배려심)

3. 다른 사람들의 의견을 먼저 듣는다. (경청)

4. 주변 사람들과 자연스럽게 대화한다. (소통)

5. 구성원의 의견을 종합해 화합을 끌어낸다. (리더십)

6. 갈등을 현명하게 해결하고자 노력한다. (문제해결력)

7. 새롭게 독창적으로 생각한다. (창의성)

8. 자기 일을 스스로 해결하고자 노력한다. (책임감)

9. 스스로 감정과 행동을 조절한다. (자기 제어)

10. 모든 배움에 적극적으로 임한다. (자기주도적 학습 습관)

저 10가지 덕목을 모두 가진 학생이 있다고 가정해보겠습니다. 이 학생은 평소 자신과 다른 사람 모두 함부로 깎아내리지 않으며, 다른 사람의 이야기를 끊지 않고 끝까지 들으며 존중하되 이야기가 자연스레 연결될 수 있도록 대화를 이끕니다. 누구와 만나든 즐겁게 대화하며, 혹여 갈등이 생긴다고 할지라도 현명하게 해결하고자 노력합니다. 게다가 친구들의 의견을 모아 모두가 만족할 만한 의견으로 재구성하거나 독창적인 생각으로 모두에게 이로운 의견을 제시합니다. 자기가 한 말에 책임질 줄 알며 약속은 반드시 지킵니다. 공부에 운동까지 못 하는 게 없는데 자신이 아는 방법을 주변에 알리고 더 발전하기 위해 끊임없이 노력합니다. 게임이나 SNS에 현혹되지 않고 자기감정과 행동까지 조절할 수 있습니다.

10가지 덕목을 모두 가진 이 학생을 과연 주변에서는 어떤 시선으로 바라볼까요? 아마 SNS 활동 여부와 관계없이 주변에 믿고 따르는 친구들이 정말 많을 것입니다. SNS를 하지 않아도 충분히 사회적으로 인정받는 아이로 성장할 수 있다는 겁니다.

그렇다면 어떻게 해야 내 아이를 10가지 덕목을 두루 갖춘 아이로 키울 수 있을까요?

그건 바로 뭐든 반드시 이루겠다는 투지와 계획에 따른 실천, 그로 인한 성취감의 선순환이 몸에 밴 아이로 성장할 수 있도록 돕는 것입니다.

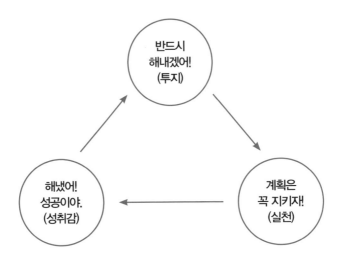

투지와 실천, 성취감의 선순환이 몸에 밴 아이로 성장하기 위한 첫 번째 단계가 무엇일까요?

바로 곁에 있는 사람들이 지속적이면서도 긍정적인 진짜 관심을 보이는 것입니다.

"넌 왜 맨날 게임만 하니?"

"대체 넌 뭐가 되려고 맨날 그 모양이야?"

"네가 그러면 그렇지. 뭐 하나 제대로 하는 게 있었어?"

"잘할 거야 분명히. 가장 소중한 건 자기 자신이란다."

"네가 무엇을 하든 응원할게. 도움이 필요하면 언제든 말해주겠니?"

"다른 사람들의 기준이 아닌 네 기준에 있어서 무얼 해야 행복할지 먼저 고민해 보렴."

우리는 이 예시 중 어떤 반응이 진짜 관심인지 잘 알고 있습니다. 아이들에게는 주변 사람들의 긍정적이면서도 정말 도움이 되는 진짜 관심이 필요합니다. 인스타그램 속 일상을 찍은 영상에 관한 관심도 물론 좋습니다. 하지만 그보다는 아이 스스로 문제를 잘 해결하고 있는지, 스스로 감정을 조절하고 있는지, 다른 사람들을 잘 배려하고 있는지에 대한 적극적인 관심이 필요합니다. 그리고 뭐든 잘하는 게 있다면 최선을 다해 칭찬해줘야 합니다. 이 긍정적인 관심이 지속되어야 아이들이 좀 더 올바르게 자라날 수 있습니다.

'내가 잘 크고 있구나!'
'내가 소중한 사람이구나!'
'내가 진짜 해낼 수 있겠구나!'

긍정적인 관심을 지속해서 받은 학생들은 자연스럽게 앞으로 무얼 해야 행복할지, 어떻게 미래를 계획해야 좋을지 스스로 고민합니다. 그러니 당장 반응이 시큰둥하더라도 꾸준히 진짜 관심을 보여주시기를 바랍니다. 많은 사람이 아이들의 진로와 미래에 관심을 가질수록 아이들 또한 자기 진로와 미래에 진지하게 관심을 가질 수 있습니다.

2) 최상위 학생의 플래너를 따라 하라

지속적이고 긍정적인 관심을 통해 아이 스스로 미래를 계획할 수 있게 되었다면 이제 투지와 실천, 성취감의 선순환이 몸에 밴 아이로 키우기 위한 두 번째 단계에 접어들 차례입니다. 두 번째 단계는 무엇일까요?

바로 아이 스스로 자기주도학습 습관을 키울 수 있도록 돕는 것입니다.

"열심히 해야 하는 건 알겠는데 뭘 어떻게 시작해야 할지 모르겠어요."

고등학교에 입학하고 1년이 지나 어느새 2학년이 된 아이들이 많이 하는 고민 중의 하나입니다. 1학년 때가 학교와 학원에서 주어지는 많은 과제를 별 고민 없이 모두 수용하고 받아들이는 시기라면, 2학년 때는 '이게 맞나?'라고 생각하며 지금까지의 자기 생각과 행동에 관해 고민하는 시기입니다. 따라서 고등학교 2학년 때야말로 공부 방법에 확고한 믿음을 갖고 자기주도학습 습관을 제대로 기를 수 있는 때입니다. 스스로 학습 계획을 세우고 실천하는 태도를 완성할 수 있는 가장 최적의 시기라는 뜻입니다.

2학년이 되어 자기주도학습 습관을 키우고 싶어 하는 학생이 상담을 요청할 때 저는 플래너 작성을 통한 공부량 공유를 가장 많이 추천합니다. 현장에서 상담하다 보면 플래너를 꼭 써야만 하는지 묻는 학생들이 꽤 많습니다.

다음 질문은 플래너와 관련해 학생들에게서 가장 많이 듣는 세 가지 질문입니다.

"솔직히 어떻게 써야 할지 잘 모르겠어요."

"플래너를 쓰다 보면 하루가 다 가 버리는데 어떡하죠?"

"어차피 플래너를 쓴다 해도 지키지 않아요. 시간 낭비라고 생각하는 제가 이상한가요?"

보통 플래너 이야기를 꺼내면 그동안 써왔던 학생과 쓰지 않았던 학생으로 나뉘고, 그동안 쓰지 않았던 학생들의 반응은 다시 크게 둘로 나뉩니다. 바로 '써 봤자 소용없으니 쓰고 싶지 않아요.'라는 반응, 그리고 '쓰고 싶지만 쉽지 않아요.'라는 반응입니다.

"저는 플래너 쓰는 시간이 조금 아깝다고 생각해요. 솔직히 써 봤자 지키지도 않거든요."

"자기 관리만 잘할 수 있다면 플래너를 꼭 써야 하는 건 아냐. 혹시 플래너를 쓰지 않아도 매일 해야 할 공부량이 일정하게 유지되는 편이니?"

"매일 유지하기는 힘들죠. 많이 하는 날도 있지만 그게 아닌 날은 아예 안 하기도 하니까요. 하지만 플래너를 쓰는 아이들도 매일 유지되지는 않던데요?"

"만약 살을 빼긴 빼야겠는데 어차피 안 빠질 테니 헬스장에 가지 않겠다는 사람이 있다면 뭐라고 말해주고 싶니?"

"저라면 헬스장에 가지 않아도 되지만 운동은 꼭 해야 한다고 말할 것 같아요. 안 그러면 살이 계속 찔 테니까요."

"맞아. 사람들은 연초에 살을 빼겠다며 헬스장을 등록하지. 하지만 며칠 지나지 않아 금세 자신과 타협하고는 포기하고 말아. 집에서라도 운동해야 하는데 이런저런 이유로 또 하지 않지. 마치 너희들이 플래너를 쓰기 시작한 지 얼마 되지 않아 금세 포기하는 것처럼 말이야. 이건 헬스장의 문제일까? 운동을 포기하는 건 하지 않으려는 사람의 문제이지 헬스장의 문제가 아냐. 공부도 똑같아. 그러니 하지 않으려는 마음가짐이 문제이지 플래너의 문제가 아니란다."

사람들은 자신과의 약속을 깨는 것에 대해서는 그리 죄책감을 느끼지 않으면서 약속을 지키지 않는 타인의 행동에 대해서는 비난합니다. 헬스장에 가지 않고 몸 관리 안 하는 사람들에 대해서는 게으르다고 이야기하면서 막상 자기가 해야 하는 공부량을 유지하지 못하는 것에 대해서는 별다른 죄책감을 느끼지 않습니다. 하지만 어차피 안 지키니 쓰지 않겠다는 마음가짐으로는 절대 학습 습관을 개선할 수 없습니다. 따라서 원하는 만큼 공부량을 채우고 싶다면 체념하고 포기하는 소극적인 태도 대신 어떻게든 지켜보리라 용기 있게 다짐하고 실천하는 적극적인 태도를 지녀야 합니다.

플래너를 규칙적으로 쓰며 열심히 공부하기로 결심했다 해도 어디서부터 어떻게 시작해야 할지 모르는 학생들이 많습니다. 의지는 충분한데 정작 실천 방법을 모르는 것입니다.

"수학 기출 문제집을 풀어야 하는데 어떻게 플래너를 쓸지 모르겠어요."

"그렇구나. 수학Ⅰ과 수학Ⅱ 모두 공부할 생각이니?"

"네. 그런데 수학Ⅰ 먼저 공부하고 수학Ⅱ를 공부할지, 동시에 공부할지 잘 모르겠어요."

"수학Ⅰ을 먼저 공부해야 수학Ⅱ 내용을 이해할 수 있는 건 아냐. 동시에 할 수도 있단다. 언제까지 다 할 수 있다고 생각하니?"

"되도록 3개월 안에 모두 풀이하고 싶어요."

"그렇다면 수학Ⅰ와 수학Ⅱ 기출 문제집이 총 몇 페이지인지 찾아보자. 3개월이면 대략 90일이고 주말을 제외하면 65일 정도 되겠구나. 문제집의 총 페이지를 65일로 나누면 평일 하루 공부량이 나온단다."

"주말은 왜 빼나요?"

"하루 계획을 세운다고 하더라도 실제 실행해보면 다 못 해내는 날이 많아. 주말이 있어야 못 한 계획의 분량을 마무리할 수 있단다."

"만약 주말이 되기 전에 계획한 만큼 다 이루면 주말에는 뭘 하나요?"

"그때는 약속을 지킨 나를 위해 쉬는 시간을 넣으면 좋을 것 같아. 열심히 공부한 나를 위해 주는 보상으로 말이야."

고등학생이 되면 주말 시간을 효율적으로 활용하기 위해 노력합니다. 그러다 보니 주말은 학원 가는 날, 과외 하는 날, 인터넷 강의 듣는 날이 됩니다. 학생들도 주말에 더 많이 공부해야 한다고 생각하고 주말 일정을 묵묵히 따라갑니다. 하지만 이렇게 하면 주중에 다 하지 못한 공부를 끝낼 시간이 없습니다. 또한, 체력적으로도 문제가 생깁니다. 월요일 아침이 되었을 때 교실에서 졸고 있는 자기 자신을 발견하게 되는 것입니다.

두 명의 직장 상사가 오늘 꼭 해야 할 일을 줬고 여러분이 조금 전 그 일을 모두 해냈다고 가정해 보겠습니다. 그런데 한 상사는 일을 다 했으니 조금만 더 하라며 일을 더 줬고 또 다른 상사는 일을 다 했으니 퇴근하라고 했다면 여러분은 앞으로 어떤 상사와 더 일하고 싶으신가요? 아마 대부분 퇴근하라고 하는 상사를 선택하실 것입니다.

학생들도 똑같습니다. 주중에 끝내야 할 공부량을 다 마무리했다고 해도 주말에 또 해야 할 공부가 산더미처럼 쌓이게 된다면 도무지 힘이 나지 않을 것입니다. 집중력은 무한정 샘솟는 샘물이 아닙니다. 따라서 고2 때까지는 주말을 보상 개념으로 활용하는 게 훨씬 효율적인 방법입니다.

지금까지 교직 생활을 한 16년간 저와 상담한 학생들 대다수가 플래너를 작성하고 피드백을 시작한 이후 8~9주 이상 정말 열심히 공부하는 모습을 보여주었습니다. 그러니 주변 사람의 믿음과 응원, 관심과 열정이 있다면 8~9주 정도의 집중력 있는 학습 태도를 보이는 건 누구나 가능합니다. 따라서 주변에서 '아이들이 의지력이 약하니까.', '어차피 또 플래너만 쓰고는 안 지킬 거니까.'라고 생각하고 도와주려는 시도조차 하지 않아서는 안 됩니다. 어쩌면 대다수 아이가 제대로 된 관심을 받지 못하고 그저 '어떻게든 되겠지.'라는 생각에 방치되거나 다음과 같은 긴단한 방법을 몰라서 못 한 것일 수 있기 때문입니다.

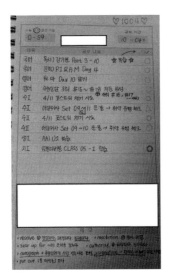
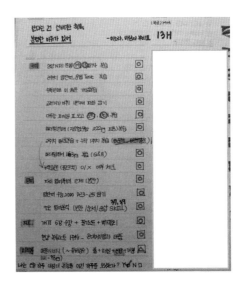

이 플래너는 실제 제게 매일 피드백을 받은 고등학교 2학년 학생 중 최상위 성적과 학습 태도를 보인 두 학생의 실제 플래너 중 일부입니다.

이제 두 학생의 플래너를 보며 잘 작성된 플래너의 특징을 살펴보겠습니다.

두 학생 모두 공부할 내용을 과목별로 나누었으며 해야 할 내용을 자세히 작성했습니다. 또한, 하루 공부량이 상당히 많으며 되도록 자기가 계획한 것을 최대한 해결하고자 노력했습니다. 왼쪽 플래너를 작성한 학생은 아래에 영어 단어를 적어 플래너를 보는 시간까지 공부에 활용하려고 하였습니다. 오른쪽 플래너를 작성한 학생은 오늘 하루 최선을 다했는지 스스로 점검하는 질문을 하며 매일 하루를 반성하는 시간을 가졌습니다.

이 학생들은 1년 내내 주기적으로 제게 플래너를 보냈는데 하루에 혼자 공부하는 시간이 15시간을 넘기는 날도 꽤 많았습니다. 고등학교 2학년 학생이 매일 저렇게 계획하고 공부하며 이를 계속 주변 사람들에게 공유하는데도 실력이 오르지 않을 수 있을까요? 2학년이 끝날 때쯤 이 플래너를 쓴 두 학생의 실력과 성적이 많이 올랐다는 건 누구든 충분히 짐작하실 수 있을 것입니다. 만약 플래너 작성이 어려워 아직 시도하지 못한 학생이 있다면 이 두 학생의 플래너를 따라 해보기를 적극 추천합니다.

플래너가 아니더라도 자기가 공부하는 모습을 영상으로 찍은 공부 타임 랩스를 보내거나 공스타그램[18] 사진을 제게 보내며 소통하는 학생들도 있었습니다. 플래너를 공유할 때 무엇보다 중요한 건 어떤 방식으로든 자기가 공부한 걸 적극적으로 공유할 수 있어야 한다는 것입니다.

"내가 하는 방법이 맞아!"
"나는 지금 제대로 공부하고 있어!"
"다른 아이들보다 내가 더 잘하고 있어!"

자기 공부 방식에 확신을 가진 학생을 찾기란 정말 쉽지 않습니다. 대

18) 학생들이 공부 인스타그램을 이르는 말.

다수 학생이 지금 자신의 공부 방향이나 방식에 의문을 품고 있으며 불안감을 느낍니다. 제대로 하고 있는지 잘 모르겠다는 말을 많이 합니다.

이러한 불안감을 줄이고 자신의 공부 방법에 확신을 가질 수 있으려면 현재 자신의 공부 방법이나 계획을 적극적으로 공유해야 합니다. 따라서 학부모님께서는 자녀에게 이 방법을 소개해주신 뒤 꼭 한번 함께 실천해 보시길 바랍니다. 학생들 관점에서는 누군가 자기 공부법을 안다는 게 부담스럽다는 거 잘 압니다. 하지만 혼자만 끙끙 앓고 고민한다고 해서 해결되는 건 아무것도 없습니다. 고등학교에서의 3년은 눈 깜짝할 사이에 지나갑니다. 졸업한 뒤 후회한다 해도 이미 지나간 시간은 되돌릴 수 없습니다. 그러니 지금 당장 플래너든, 공스타그램이든, 타임 랩스든, 그 어떤 것으로든 현재 자기가 하는 공부를 적극적으로 공유할 수 있기를 바랍니다.

꼭 기억하세요. 플래너는 공유하기 위해 쓴다는 사실을 말입니다.

3) 진로상담 전문가를 찾아라

주변의 지속적인 관심과 스스로 공부하려는 자기주도적 학습 태도를 모두 갖췄다면 이제 투지와 실천, 성취감의 선순환이 몸에 밴 아이로 키우기 위한 마지막 세 번째 단계에 접어들 차례입니다. 세 번째 단계는 무엇일까요?

바로 객관적이고 효율적인 정보를 적절히 제공해 주는 것입니다.

성인이 되기 바로 전 단계에 있는 고등학생들은 막막함의 바다에 홀로 서 있다고 표현할 수 있을 만큼 무엇부터 해야 할지 모르는 막막함과 답답함 속에 놓여 있습니다. 긍정적인 관심을 받고 자기주도적 학습 태도로 뭔가 스스로 하려고 노력한다고 해도 뭘 해야 하는지에 대한 고민은 여전히 남아 있기 때문입니다. 플래너를 적극적으로 공유하더라도 불안감은 완전히 사라지지 않습니다. 따라서 전문가의 도움을 받아 아이들이 믿을 수 있는 객관적이면서도 효율적인 정보가 꾸준히 제공되어야 합니다. 그래야 비로소 아이 스스로 막연하게 느꼈던 불안감을 완전히 떨쳐 버리고 자기 공부에 대한 확신을 가질 수 있습니다.

저는 매년 3월 초에 담임 교사로서 학생들을 만나면 간단한 인사를 한 뒤 칠판에 종이 한 장을 붙입니다. 상담을 위해 제가 남을 수 있는 최대한의 시간을 확보하고 학생들에게 원하는 날짜와 시간대를 고르게 하는 것입니다. 다음 표는 2023년 3월에 상담한 담임 반 학생들에게 원하는 상담 시간을 조사한 뒤 이를 정리한 자료입니다.

3-*반 상담표(3월) (상황에 따라 변동될 수 있음)			
월	화	수	목
** 원하는 시간대에 자신의 이름을 적어주세요. ** 한 학생당 상담 소요 시간은 50분입니다. ** 각자 스케줄에 맞게 신청해 주세요. 시간 약속을 꼭!! 지켜주세요.			2023-03-02 (5명) 16:10~17:00: 3*** 김** 17:00~17:50: 3*** 김** 18:30~19:20: 3*** 원** 19:20~20:10: 3*** 주** 20:10~21:00: 3*** 조**
2023-03-06 (5명) 16:10~17:00: 3*** 박** 17:00~17:50: 3*** 계** 18:30~19:20: 3*** 송** 19:20~20:10: 3*** 염** 20:10~21:00: 3*** 서**	2023-03-07 (2명) 16:30~17:20: 3*** 김** 19:20~20:10: 3*** 김**	2023-03-08 (5명) 15:10~16:00: 3*** 이** 16:10~17:00: 3*** 김** 17:00~17:50: 3*** 손** 19:00~19:50: 3*** 장** 19:50~20:40: 3*** 정**	2023-03-09 (5명) 16:10~17:00: 3*** 환** 17:00~17:50: 3*** 심** 18:30~19:20: 3*** 조** 19:20~20:10: 3*** 안** 20:10~21:00: 3*** 선우**
2023-03-13 (2명) 16:30~17:20: 3*** 윤** 19:20~20:10: 3*** 박**	2023-03-14 (5명) 15:10~16:00: 3*** 제** 16:10~17:00: 3*** 김** 17:00~17:50: 3*** 강** 19:00~19:50: 3*** 유** 19:50~20:40: 3*** 임**	2023-03-15 (5명) 15:10~16:00: 3*** 김** 16:10~17:00: 3*** 정** 17:00~17:50: 3*** 최** 19:00~19:50: 3*** 정** 19:50~20:40: 3*** 윤**	2023-03-16 학부모 총회

새 학기에 처음 본 학생들이지만 1시간 정도를 꼭 확보해 상담을 진행하고자 노력했습니다. 표에는 학생마다 50분씩 시간을 나누어 놓았으나 대화하다 보면 이야기가 길어져 1시간을 채우고 나서야 다음 학생을 만나는 경우가 대부분이었습니다. 저는 이 상담 표를 완성했던 3월 내내 월요일부터 목요일까지 단 하루도 집에 일찍 가지 못했습니다. 물론 이 표에 따르면 제 상담 일정은 15일까지였습니다. 하지만 학기 초 첫 상담을 한 학생들이 16일 이후 바로 추가 상담을 요청했고 저는 이후 계속해서

꽤 오랜 기간을 상담에 투자해야 했습니다. 1년간 정식으로 신청한 상담 횟수가 10번이 넘는 학생들도 있었습니다.

"선생님 괜찮으세요? 너무 힘드실 거 같아요."

제 체력을 걱정하는 학생들도 있었습니다. 아이들의 고민을 들으며 진심으로 공감하고 나면 온몸에 힘이 쭉 빠지는 날도 많았습니다. 상담비를 따로 받는 게 아니니 별다른 경제적인 이득도 없었습니다. 하지만 이렇게 시간을 투자해 상담하고 나면 학생들의 눈빛이 달라지고 바뀌는 모습이 보였습니다. 정말 열심히 해보겠다고 다짐하며 다시 돌아갔습니다. 제가 상담에 헌신한다는 걸 알기에 더 열심히 노력하는 학생들의 모습이 눈에 보였습니다. 그러니 도저히 상담에 최선을 다하지 않을 수가 없었습니다. 반 학생들이 서로의 발전을 위해 자연스럽게 뭉치니 반 분위기 또한 만족스러웠습니다.

교직 생활 내내 아이들과 상담으로 소통하다 보니 지금은 일부 졸업하고 한참이 지난 학생들의 연락을 꾸준히 받기도 하고 30대가 다 된 졸업생들과 저녁을 함께 먹기도 합니다. 고등학생일 때부터 어른이 된 지금까지 저와의 신뢰가 충분히 쌓였기에 가능한 일입니다.

처음 본 학생들과 어떤 대화를 나누기에 1시간도 부족한지 궁금하신가요? 저는 만나는 학생이 몇 학년이든 관계없이 저와 만나기 전년도까지 받은 성적을 주요 대화 주제로 다룹니다. 상담 첫날부터 말입니다. 하지만 저는 단순히 성적이 "좋으니 괜찮다.", "안 좋으니 올려야 한다."라고 이야기하지 않습니다. 전년도까지의 성적 이야기를 시작으로 공부를 왜 한다고 생각하는지, 학교에서의 어떤 활동에 주로 관심을 보이는지, 학교를 졸업한 뒤 어떤 일을 하고 싶은지, 요즘 친구와의 관계는 어떤지 등의 정말 많은 주제에 관해 이야기합니다.

물론 상담을 시작한 뒤 30분까지는 학생들의 반응이 수동적일 때가 많습니다. 하지만 30분이 지나고 40분이 지나면 조용히만 앉아 있던 학생들도 서서히 마음을 열기 시작합니다. 담임 교사가 어떤 마음으로 상담에 임하는지, 어떤 이야기를 들으려고 하는지 함께 대화하며 머리가 아닌 가슴으로 이해하기 때문입니다. 대략 5월 초까지 학생들과의 정서적 교감이 어느 정도 이루어지면 그다음에는 학부모님의 전화와 문자가 오기 시작합니다.

"아이가 선생님이 정말 너무 좋대요."

"아이 아빠가 삐쳤어요. 아빠보다 선생님 이야기를 더 많이 한다고요."

"아이가 갑자기 주말 아침마다 독서실에 가기 시작했어요. 공부를 잘하고 싶다네요."

도대체 아이에게 무슨 말을 했기에 작년까지 자퇴를 입에 달고 지내던 아이가 절대 자퇴하지 않겠다고 다짐하게 했는지 궁금해하신 학부모님도 계셨습니다.

'그러게, 내가 무엇을 한 걸까?'

거창한 걸 하려던 건 아니었습니다. 하지만 3월 초 걱정이 많은 학생들에게 담임 교사로서 확신을 주고자 했습니다. 학생들에게 가장 필요한 건 진심 어린 관심과 소통이었습니다. 그래서 제 시간을 그들에게 온전히 내주었습니다. 제가 먼저 이야기하고 판단하려 하기보다는 아이들이 무얼 원하는지, 어떤 고민이 있는지, 하고 싶은 말이 있는지 물어보고자 노력했습니다. 훈계하려고 하지 않고 "네 말도 옳지만 내 생각도 들어볼래?"라며 대화했습니다. 그랬더니, 아이들은 제 예상보다 훨씬 빠르게 마음을 열어주었습니다. 그리고 공부를 전보다 더 절실하게 대하기 시작했습니다.

이른 시일 안에 아이들과 가장 잘 지내는 방법, 그 답은 바로 진심 어린 공감과 소통이었습니다. 이 간단한 소통은 서로에 대한 신뢰를 쌓았고 불안감 대신 안정감을 주었습니다. 또한, 학생들끼리의 원만한 친구 관계나 나아지는 교실 분위기를 조성하는 데 결정적인 역할을 했습니다.

물론 소통의 주제에는 여러 가지가 있습니다. 하지만 저는 매번 첫 소통을 학생들의 진로와 성적 관련 주제로 시작했습니다. 고등학생들이 가장 힘들어하고 고민이라고 느끼는 것 중 하나가 바로 진로와 성적이므로 이에 객관적인 자세로 직면할 수 있도록 도와주었습니다.

고등학생은 불안합니다. 그리고 그 불안감에서 모든 고민이 시작됩니다. 친구 관계도 결국 진로나 성적에서 시작되는 경우가 많습니다. 중학교 때까지는 좀 놀더라도 시험 전에만 집중해서 공부하면 좋은 성적을 받을 수 있었습니다. 하지만 고등학생이 되고 나니 갑자기 좋은 대학에 가야 한다는 압박이 전보다 심하다는 걸 느낍니다. 중학생 때까지는 미룰 수 있었는데 이제는 더 이상 미룰 수가 없다는 걸 깨닫습니다. 당장 미룬다고 해도 언제까지 미룰 수 있을지 알 수 없어 놀면서도 불안합니다. 불안한 게 분명한데 내가 지금 잘하고 있는지, 이렇게 지내도 되는 건지 그 누구도 명쾌하게 답해주는 사람이 없습니다. 어릴 때는 고등학생쯤 되면 하고 싶은 게 생길 줄 알았는데 그것도 아닙니다. 여전히 원하는 직업이나 가고 싶은 학과를 잘 모르겠습니다. 내가 뭘 잘하는지도 모르겠습니다.

여기서 중요한 게 있습니다. 이 문제만큼은 친구와의 대화를 통해 명확한 답을 얻을 수 없다는 것입니다. 부모님께서도 불안하시기는 마찬가지이기에 명쾌한 답을 제시해 주시기 힘듭니다.

"다들 학원에서 전 과목을 배운다는데 우리 아이도 하나 더 보내야 하는 거 아닌가요?"

"옆집 아이도 강남 학원에 자리가 하나 나서 겨우 들어갔대요. 우리 아이는 이미 늦은 게 아닐까요?"

"인터넷 강의는 프리패스를 그냥 다 사야 한다네요. 어떻게든 다 듣게 해야겠죠?"

불안감이라는 감정 탓에 아이들은 오늘도 학원에 가고 과외 수업을 듣고 인터넷 강의를 듣습니다. 하지만 그렇다고 해서 모든 고민이 해결되는 건 아닙니다. 여전히 내가 잘하고 있는지, 이대로 계속하는 게 맞는지 잘 모르겠다고 생각하기 때문입니다. 따라서 고등학생이 되었을 때 자신의 진로나 성적에 관해 꾸준히 상담받을 수 있는 환경이 조성되어야 합니다. 감정에 휘둘리기보다 객관적으로 판단할 수 있는 전문가에게 주기적으로 상담받으며 진로와 관련된 정확한 정보를 꾸준히 파악할 수 있어야 불안감으로부터 멀리 벗어날 수 있습니다.

불안감을 느꼈을 때 아낌없이 조언해줄 수 있는 누군가가 주변에 있는 아이와 없는 아이는 정서적 안정감에 있어서 큰 차이를 보입니다. 주변에 진로상담을 해줄 수 있는 사람이 아무도 없다고 느끼는 학생은 공부량이 아무리 많더라도 쉽게 불안감을 느낍니다. 하지만 성적이 조금 낮더라도 언제든 진로상담을 해줄 수 있는 사람이 근처에 있는 아이는 학습 관련 동기 부여를 꾸준히 받아 스스로 잘하고 있고 성공할 수 있다고 믿으며 성장할 수 있습니다. 아이에게 필요한 학습 과정은 유지하고 필요 없는 건 과감하게 쳐낼 수 있도록 도움받을 수 있습니다. 따라서 힘들 때 의지할 사람이 필요하듯이 아이들에게도 진로상담을 꾸준히 해줄 수 있는 전문가가 주변에 있어야 합니다.

이 역할을 가장 잘해주실 수 있는 전문가는 바로 각 학교에 계신 담임 선생님이십니다. 진로 진학 담당 상담 선생님이나 위클래스 상담 선생님께도 도움을 요청할 수 있습니다. 잘 아시는 학원 입시 상담 전문가가 계신다면 그분께 도움을 요청하셔도 좋습니다. 다만, 학원 입시 상담은 고등학교 3학년 학생에 국한된 경우가 많고 학생 개인의 특성이나 진로보다는 성적에 맞춘 대학 입시에 초점을 둔 상담일 가능성이 큽니다. 또한, 비용도 상대적으로 비싸므로 신중하게 알아보시길 권합니다.

부모님께서 상담 전문가로서 역할을 해주시는 것도 좋습니다. 하지만 내 아들, 딸이다 보니 답답해하시거나 상담을 훈계로 마무리하게 되실 수도 있습니다. 상담도 상당한 전문성이 필요한 분야이므로 주변 선생님이나 상담 전문가를 찾으시는 걸 추천해 드립니다.

답이 아닌
질문을
찾아라

—

고등학교에서 스스로 질문하는 아이와

질문하지 않는 아이의 격차는

하루하루 지날수록 점점 더 벌어집니다.

1) 뭘 할지 모르겠다면 자존감부터 회복하라

"앞으로 뭘 해야 할지 모르겠는데 어떡하죠?"

아이들과 실제 상담할 때 많이 받는 질문 중 하나입니다. 교실에서 무기력하게 있거나 진로 때문에 고민하는 아이만 이런 질문을 하는 게 아닙니다. 겉으로는 평범해 보이는 많은 아이가 당장 지금 교실에서 뭘 하는 게 좋을지 깨닫지 못한 채 그냥 하루하루 생활합니다. 어른들도 하루하루 힘들다고 생각하지만 왜 이 일을 해야 하는지 매번 생각하고 고민하지 않듯이 아이들도 마찬가지입니다.

상담할 때 뭘 할지 모르겠다는 고민을 털어놓는 아이를 만나면 저는 입시 시크릿 1의 3장 '누구보다 적극적으로 공부하라'에서 언급한 진로 찾기 활동을 주로 합니다. 또한, 입시 시크릿 2의 2장 '최상위 학생의 플래너를 따라 하라'에서 언급한 플래너를 작성해서 제게 보내도록 권유한 뒤 지속적인 피드백을 진행합니다. 아이들의 반응은 대체로 호의적입니다. 앞으로 뭘 해야 할지, 왜 해야 하는지, 뭘 얻을 수 있는지 구체적으로 이해하고 공감할 수 있게 되기 때문입니다.

뭘 할지 모르겠다는 아이들은 불안감이 크고 성적이 대체로 낮습니다.

학원이나 과외에 오랜 기간 의존하고 있거나 별다른 계획 없이 수동적으로 공부하던 아이가 많습니다. 현재 자신의 공부량, 공부 계획, 방향에 의문을 품지만 바꾸려 하지 않고 자포자기한 상태이기도 합니다. 이처럼 뭘 할지 모르겠다는 학생에게는 자존감 회복이 가장 필요합니다. 생각한 만큼 실천할 수 있으며 원하던 공부량을 실현할 수 있다는 믿음을 가질 수 있도록 주변에서 적극적으로 도와줘야 합니다. 또한, 수동적이고 무기력한 학습 태도를 적극적이고 주도적인 학습 태도로 바꿔야 합니다. 이를 위해 진로 찾기 활동을 통해 학생이 원하는 진로 목표를 먼저 찾은 후 학생 스스로 자신의 목표를 성취하기 위해 정해진 계획을 지키고 노력할 수 있는 환경을 조성해 주어야 합니다.

2) 뭐부터 할지 모르겠다면 플래너에 할 일을 목록화하라

"솔직히 할 게 너무 많아요. 하루는 정해져 있는데 수학 공부만 해도 시간이 다 가버려요. 국어, 영어도 공부해야 하고 수행평가 준비도 해야 하는데 언제 다 하죠?"

이런 고민을 털어놓는 아이 중 무기력한 아이는 거의 없습니다. 할 게 너무 많지만, 이 많은 걸 모두 해내고 싶은 아이이기 때문입니다. 즉, 뭘 해야 할지 모르는 아이보다 적극적으로 공부하는 아이가 이런 질문을 합니다. 따라서 이 아이에게는 뭘 해야 할지 모르는 아이와 다른 주제로 이야기해야 합니다.

공부할 게 너무 많다고 느끼는 아이들은 공부를 잘하고 싶기에 자기 발전에 도움이 되는 조언이라고 판단되면 적극적으로 받아들이려고 노력합니다. 따라서 공부를 왜 해야 하는지에 관한 고민보다는 구체적으로 어떤 실천을 해야 발전할 수 있을지에 관한 고민의 시간을 더 가질 수 있도록 도와줘야 합니다.

"하루하루 해야 할 게 너무 많지? 고등학생이 되면 평가도 많아지고 해야 할 공부량도 많이 늘어나거든. 너는 그 많은 공부량을 어떻게 소화하는 편이니?"

"일단 계획한 건 다 해보려고 플래너를 써요. 하지만 매일 쓰지는 않아요. 쓰더라도 공부량이 매일매일 유지되지 않더라고요. 시험 전에는 정말 열심히 하지만 시험이 끝나면 주변 친구들처럼 저도 같이 놀게 돼요."

"혹시 시험이 끝나고 친구들과 열심히 놀고 집에 오면 어떤 생각이 드니?"

"분명 중학교 때까지는 노는 게 정말 재밌었거든요? 그런데 고등학생이 되니 실컷 놀고 나면 왠지 모르게 불안해져요. 누군가는 이 시간에 독서실에 있거나 학원에 있었을 텐데 난 이렇게 놀았으니 큰일 났다고 생각해요. 이제는 진짜 공부해야겠다는 생각이 분명 들거든요? 그런데 공부하겠다고 다짐하고 나면 할 게 너무 많다는 생각에 뭐부터 할지 몰라 허둥대요. 계속 시간을 허비하는 거죠."

"그러면 우리 멋지게 모든 공부를 다 해내면서도 마음 편하게 놀 수도 있게 생활 방식을 바꿔볼까? 두 마리 토끼를 모두 잡는 거지."

모든 공부를 다 해내면서도 마음 편하게 놀 수 있다고 이야기할 때 상담하는 아이들의 눈이 유난히 빛납니다. 쉬고 놀 수 있으면서도 성적을 올릴 수 있다니 관심을 가질 수밖에 없습니다.

성적을 끌어올리면서도 마음 편하게 쉴 수 있으려면 가장 먼저 해야 할 공부 목록부터 작성해야 합니다. 공부의 우선순위부터 정해야 하므로 가장 필요하거나 중요하다고 생각되는 과목 위주로 쓰는 것이 좋습니다. 목록이 완성된 이후에는 한 주 단위로 계획을 나눈 뒤 플래너에 옮겨 적습니다.

이때 중요한 게 있습니다. 바로 플래너 속 주말 일정을 비우는 것입니다. 주말 일정을 비우는 이유는 플래너에 작성한 계획을 제대로 지키기 위해서입니다. 학생들이 플래너를 계속 작성하지만 결국 잘 지키지 못하는 이유는 너무 모든 걸 다 해내려고 주말까지 무리하게 계획을 세우거나 빡빡한 학원, 과외 일정을 끝내 이겨내지 못했기 때문입니다. 따라서 주말 일정을 과감히 비우고 평일에 다 하지 못한 공부를 주말까지 모두 끝낼 수 있도록 해야 합니다.

주말을 비우라는 조언을 건넸을 때 대다수 학생이 제 이야기에 격하게 공감합니다. 그만큼 많은 학생이 이 악순환의 굴레에 갇혀 있다는 뜻입니다. 주말을 효율적으로 활용하려면 무엇보다 주중에 온전히 몰입해서 혼자 공부하는 시간을 최대한 많이 확보할 수 있는 환경이 조성되어야 합니다. 아무리 강의를 많이 들어도 혼자 내면화할 시간이 없다면 그저 TV 보는 것과 다를 바가 없습니다. 그러니 혼자 공부하는 시간을 확보해 어떤 강의가 필요한지 스스로 깨달아야 합니다. 또한, 작성한 플래너는 선생님, 친구, 부모님 등 다양한 사람과 공유할 수 있어야 합니다. 그래야 혼자 자기 자신과 타협해 공부 계획을 지키지 않거나 놀지 않는 상황을 방지할 수 있습니다.

16년간 학생들과 플래너 관련 상담을 진행하며 느낀 게 있습니다. 구체적 공부 목록 작성과 학습 동기를 변수로 해 학생들을 범주화할 수 있다는 것이었습니다.

구체적 공부 목록을 플래너에 작성하면서 학습 동기가 높은 학생은 집중해서 공부할 과목을 매주 미리 설정하였으며 각 과목을 언제 얼마나 공부할지 계획하고 실천하는 모습을 보였습니다. 또한, 높은 성적을 받았을 때 자기가 그 성적을 받을 만하다고 느꼈으며 학습에 대한 자기만족도가 다른 유형의 학생들보다 훨씬 높았습니다.

구체적 공부 목록을 플래너에 작성하나 학습 동기가 낮은 학생은 대체로 자기 자신을 '플래너만 예쁘게 쓰는 학생'이라고 표현했습니다. 계획에 시간을 많이 쓰는 것에 비해 의지가 약해 대부분 실천하지 못했으며 미룰 수 있는 만큼 최대한 미루려는 경향을 보였습니다. 또한, 그런 자기 자신을 자책하면서 자주 상담을 신청하고 상담자에게 기대려는 모습을 보였습니다.

학습 동기는 높으나 구체적 공부 목록을 플래너에 작성하지 않는 학생은 공부 효율이 잘 나오지 않는다는 표현을 많이 썼습니다. 뭐든 열심히 하려고 노력하지만, 때마다 공부하는 과목이 바뀌는 경우가 많았으며 끝까지 풀이한 문제집이 많지 않았습니다. 또한, 공부 목록 작성이나 플래너가 굳이 필요하지 않다고 생각하는 경향이 강했습니다.

학습 동기도 낮고 구체적 공부 목록도 플래너에 작성하지 않는 학생은 대체로 무기력한 모습을 자주 보였습니다. 공부가 필요하다는 건 인지하고 있으나 계획을 세우거나 실천하려는 의지가 꽤 낮았으며 학습뿐만 아니라 친구 관계에서도 만족하지 못하는 경향을 보였습니다.

	구체적 공부 목록을 플래너에 작성하는 학생	구체적 공부 목록을 플래너에 작성하지 않는 학생
학습 동기가 높은 학생	○ 공부할 과목을 미리 계획함 ○ 과목별 공부량, 시간을 미리 정함 ○ 높은 성적을 받을 만하다고 느낌 ○ 학습에 대한 자기만족도 높음	○ 뭐든 열심히 하려고 노력함 ○ 때마다 공부하는 과목이 바뀜 ○ 끝까지 푼 문제집이 별로 없음 ○ 공부 효율이 낮다고 느낌
학습 동기가 낮은 학생	○ 계획하는 데 시간을 많이 씀 ○ 대체로 미루는 경향을 보임 ○ 실천하지 못하는 자신을 자책함 ○ 학습 상담을 자주 요청함	○ 대체로 멍하니 있는 시간이 많음 ○ 무기력한 모습을 자주 보임 ○ 공부의 필요성은 인지하고 있음 ○ 친구 관계도 불만인 경우가 많음

이제 다시 학생과의 대화로 돌아가 보겠습니다.

"플래너 내게도 공유해 줄 수 있니? 매일 네 플래너를 보고 잘한 점, 개선해야 할 점, 기타 알려줄 점 등을 작성해 답변해 줄게. 할 수 있겠니?"

"매일 답변해 주신다고요? 너무 좋아요! 선생님."

"여기서 중요한 건 바로 주말이야. 주중에 모든 계획을 모두 달성하고 나면 플래너를 자랑스럽게 부모님께 보여드리는 거야. 공부한 문제집을 보여드려도 좋아. 그리고 부모님께 주말 하루 놀겠다고 말씀드리는 거지. 시간이 부족하다면 일요일에 잠시 3시간 정도도 괜찮아. 어떻게 쉬든 그 어떤 죄의식 없이 즐겁게 재충전할 수 있는 시간을 꼭 가져야 해. 이 시간이 없으면 금방 지쳐버리고 말거든."

"만약 못 지키면요?"

"당연히 못 노는 거지. 내가 세운 계획을 모두 지키지 못했기 때문에 주말을 활용해 모두 채워야 해. 생각해봐. 한 주 동안 해야 할 공부량이 정해져 있고 해야 할 시간 또한 정해져 있어. 그렇다면 주중에 놀지 않고 집중해서 계획한 공부량을 모두 지킨 뒤 죄책감 없이 주말에 노는 게 가장 이상적이지 않을까?"

"죄책감 없이 논다니 그런 건 생각지도 못했어요. 하지만 주말에 정말 놀아도 되는 걸까요?"

"물론이지."

1년 내내 일만 할 수 있는 사람은 아무도 없습니다. 누구든 재충전이 필요합니다. 그러니 앞으로는 시간을 효율적으로 써야 합니다. 이를 위해 가장 중요한 키워드는 바로 몰입과 집중입니다. 보통의 고등학생들은 공부에 집중해야 할 시간에도 놀고 싶어 합니다. 하루에도 몇 번씩 집 가고 싶다는 말을 유행어처럼 중얼거리는 학생들도 있습니다. 문제는 신나게 놀고 있으면서도 동시에 '공부해야 하는 것 아닌가?'리며 걱정한다는 것입니다.

공부할 때 놀고 싶어 하거나 노는 시간에 해야 할 공부 걱정을 하는 건 절대 효율적인 사고방식이 아닙니다. 고전적인 이야기라 생각하실지도 모르겠지만 이 고전적인 이야기가 제대로 지켜졌을 때 아이에게 전달될 수 있는 파장은 생각보다 큽니다. 그러니 공부할 때 제대로 공부하고 놀

때 제대로 놀아야 합니다. 그래야 성적, 진로 고민, 친구 관계 모두 긍정적으로 바뀔 수 있습니다. 고등학생의 고민 대부분이 성적에서 비롯되기 때문입니다.

부모님께서는 자랑스럽게 플래너나 공부한 문제집을 보여주는 자녀에게 반드시 긍정적인 반응을 해주셔야 합니다.

"영어 1문제 또 틀렸네?"
"수학 풀이 과정이 문제집에 없는데 잘 풀고 있는 거 맞니?"

이렇게 반응하시면 안 됩니다. 그러면 아이는 금방 위축되어 '우리 엄마, 아빠가 그러면 그렇지.'라며 낙담하고는 금세 포기해버립니다. 아이들과의 상담 과정에서 실제 우리 엄마, 아빠는 절대 칭찬 같은 거 안 한다며 질색하는 학생도 꽤 있습니다.

"칭찬이요? 제가 플래너를 가져가면 저희 엄마는 '공부를 너 혼자 하니? 전국 고등학생 다 하는 걸 뭘 혼자 생색내?' 이러세요. 더 할 말이 없다니까요? 다른 부모님은 칭찬이라는 게 가능할지 몰라도 저희 부모님은 안 돼요."

이런 말을 들으면 참 난감합니다. '어차피 엄마, 아빠는 내가 공부해도 안 믿잖아.'라는 생각이 들었을 때 아이들은 플래너 작성을 금세 포기합니다. 아이들은 언제나 부모님의 사랑과 긍정적인 관심을 원합니다. 아이들에게 부모님의 따뜻한 말 한마디가 정말 중요하다는 것을 기억해 주셨으면 합니다.

공부할 게 너무 많다고 느끼는 아이는 발전하고 싶어 합니다. 다만 그 방법을 아직 알지 못해 속도가 조금 느릴 뿐입니다. 그러니 공부할 때 공부하고 놀 때 놀 수 있도록 주변에서 적극적으로 도와주시길 바랍니다. 적용할 수 있는 시기는 빠르면 빠를수록 좋습니다. 수능을 볼 날이 점점 더 가까워질수록 극적인 변화는 기대하기 힘들어집니다. 부모님뿐만 아니라 친구, 담임 선생님, 학원 강사, 입시 상담사 등 누구든 열심히 해보려는 아이를 도울 수 있습니다. 진심으로 곁에서 힘을 줄 수 있는 사람이라면 누구든 말입니다.

3) 지금 당장 눈앞의 옷장 문을 활짝 열어라

과연 우리 아이는 '뭘 해야 할까?'와 '뭐부터 해야 할까?' 중 어떤 질문을 던지고 있을까요? 질문을 던지고 있긴 할까요? 혹시 아무런 질문 없이 게임에서 일일 미션을 해결하듯 하루하루 할 일만을 간신히 해치우며 별 생각 없이 지내고 있는 건 아닐까요?

고등학교에서 스스로 질문하는 아이와 질문하지 않는 아이의 격차는 하루하루 지날수록 점점 더 벌어집니다. 그러니 이런 질문이나 답변에 대해서 아이가 별로 관심을 두지 않는다면 주변 사람이라도 지금 당장 진지하게 고민해야 합니다.

뭘 해야 할지 모르겠다고 생각하는 학생은 앞으로 학년이 높아질수록 배울 내용이 무엇인지 잘 알지 못한 채 안개에 둘러싸인 것처럼 갈피를 못 잡고 있을 가능성이 큽니다. 왼쪽으로 가는 게 맞는지, 오른쪽으로 가는 게 맞는지, 지금 내가 보는 왼쪽이 진짜 왼쪽 맞는지, 지금까지 제대로 온 건 맞는지, 왔던 길을 되돌아가야 하는 건 아닌지 불안해하면서도 앞으로 어떻게 해야 할지 감을 잡지 못합니다. 말 그대로 혼돈 속에 있으니 누군가 단서를 주면 그 단서를 하릴없이 따라갈 수밖에 없습니다. 그 단서가 혹여 잘못된 단서라고 할지라도 말입니다.

한참 동안 희미한 안개 속을 거닐다가 눈앞에 거대한 옷장 하나를 찾았다고 상상해 보겠습니다. 옷장 문에는 메모가 하나 적혀 있습니다. 이 옷장을 열면 그동안 막연하다고 느꼈던 방대한 공부량이 눈앞에 쏟아진다는 내용입니다. 고등학교 내내 배워야 할 모든 내용이 이 옷장 안에 전부 다 들어 있는 것입니다. 그러니 이 옷장 문을 열기만 하면 앞으로 뭘 해야 하는지 구체적으로 알 수 있습니다. 당장 이 옷장 문을 열고 눈앞에 펼쳐진 방대한 공부량을 모두 해내기만 하면 됩니다.

여러분도 지금 눈앞에 보이는 거대한 옷장을 상상해 보시길 바랍니다. 색깔과 크기, 안개에 뒤덮인 주변 분위기와 날씨까지 모두 바로 눈앞에 보이는 듯 구체적으로 상상하실 수 있어야 합니다. 상상하셨나요? 그렇다면 질문을 하나 드리겠습니다.

"앞에 놓인 이 옷장 문을 지금 열 수 있으시겠습니까?"

이 옷장 문만 열면 안개가 시서히 걷히기 시작할 겁니다. 그토록 알고 싶었던 방대한 공부량이 눈 앞에 펼쳐질 것입니다. 하지만 대부분 쉽사리 이 옷장 문을 스스로 열지 못합니다. 문을 여는 그 순간부터 엄청난 압박감에 시달리며 공부에 매진해야 하기 때문입니다. 조앤 K. 롤링의 『해리포터』 시리즈 중 '아즈카반의 죄수' 편을 보면 등장인물들이 가장 두려워하는 존재로 변신하는 보가트를 물리치기 위해 두려움을 극복하고

'리디큘러스'라는 주문을 거는 장면이 나옵니다. 앞에 있는 두려운 존재가 진짜가 아니라 보가트일 뿐이라고 확신하고 주문을 걸었을 때 보가트가 아무것도 아닌 웃긴 모습으로 변하게 되는 장면입니다.

지금 우리가 눈앞에 상상한 이 옷장 문 속에 있는 두려움은 보가트와 같습니다. 우리 또한 이 옷장 문을 열기 위해 큰 용기를 내야 하기 때문입니다. 학생이 아닌 어른이라면 이런 용기를 조금 더 낼 수 있을 거 같지만 사실 어른일수록 변화에 대한 실패를 두려워하고 현재에 안주하려는 경향이 더 큽니다. 따라서 문 열기를 망설인다고 해서 학생 개인의 의지력만 탓해서는 안 됩니다.

지금 당장 옷장 문을 열지 못하는 그 마음 충분히 공감하고 이해합니다. 하지만 고등학교 생활 3년이 모두 지날 때까지 이 옷장 문을 열지 못하면 아이들은 결국 이 희미한 안개 속에 갇히고 말 것입니다. 3년이 지나 제때 이 안개 속을 빠져나갈 수 있다면 얼마나 좋겠습니까? 하지만 그 기간은 미루면 미룰수록 1~2년, 뒤로 계속 더 연장될 뿐입니다. 재수, 삼수까지 하는 학생 수가 전국적으로 얼마나 많은지 여기서 굳이 언급하지 않아도 알고 계실 것입니다. 그러므로 옷장 문은 언제가 되었든 반드시 열어야 합니다.

그리고 그 문을 열 가장 적절한 시기는 이 책을 읽는 바로 지금입니다.

'뭘 해야 할지 모르겠으나 이제부터라도 해야겠다'고 생각한 학생, 그리고 '할 게 너무 많다'고 생각한 학생은 앞으로 자기가 어떻게 공부할지,

하루에 얼마나 공부할지 바로 계획을 쓰고 플래너를 작성해 공유해야 합니다. 그리고 공부하는 내내 힘들 때마다 기대고 상담할 수 있는 사람을 찾아야 합니다. 다만, 급한 마음에 기대고 상담할 사람을 찾겠다며 이성 친구를 사귀는 건 피해야 합니다. 이성 친구는 공부가 아닌 서로에게 더 빠져들 수 있고 헤어졌을 때 힘든 감정이 오래도록 지속될 가능성이 높기 때문입니다.

부모님, 담임 선생님, 친한 선생님, 학원 선생님, 친한 친구, 전문 입시 상담가 등 내 꿈과 성적 상승을 위해 온전히 시간을 내주고 이야기를 들어줄 수 있는 사람이라면 누구든 좋습니다. 신뢰와 희망, 응원과 칭찬을 버팀목으로 삼을 수 있어야 자기 발전을 위해 온전히 최선을 다할 수 있습니다.

여기까지 읽었는데도 아직 옷장 문을 열기가 망설여지시나요? 그렇다면 이제 가상의 두 남자를 설정해 이들의 경제적 능력을 비교해 보겠습니다.

먼저 금수저라고 불릴 만큼 꽤 성공했다는 평가를 받을 만한 남자입니다.

나이	위치	연봉(단위: 만 원)	보유 현금(단위: 만 원)
20	대학생	(전액 장학금)	–
21	군인	840	840
22	군인	560	560
23	대학생	(전액 장학금)	–
24	대학생	(전액 장학금)	–
25	대학생	(전액 장학금)	–
26	직장 1년 차	6,000	3,000
27	직장 2년 차	6,500	3,250
28	직장 3년 차	7,000	3,500
29	직장 4년 차	7,500	3,750
30	직장 5년 차	8,000	4,000
총 금액		36,400	18,900

이 남자는 스무 살에 바로 좋은 대학에 전액 장학금을 받고 입학했습니다. 생활비는 아르바이트로 모두 충당했습니다. 군에 입대해 군인 월급을 받았고 군에서 받은 돈을 한 푼도 쓰지 않고 모았습니다. 2023년 기준 군인 월급이 이병 60만 원, 일병 68만 원, 상병 80만 원, 병장 100만 원이니 1년 반 동안 총 1,408만 원을 모을 수 있었습니다. 계산의 편의를 위해 군 생활 내내 8만 원 정도를 썼다고 가정하겠습니다.

대학에서 졸업하자마자 대기업에 취업했고 취업 첫해에 초봉 6천만 원을 받았습니다. 그리고 능력을 인정받아 그 이후 해마다 연봉 500만 원씩을 더 받았습니다. 무엇보다 매달 받는 월급의 무려 50%를 꾸준히 저축했습니다. 이처럼 바쁜 20대를 보낸 뒤 이 남자가 서른 살에 손에 쥔 현금은 1억 8,900만 원이 되었습니다. 재테크까지 성공적으로 해냈다면 약 2억 원의 돈을 지니고 있을 것입니다.

어떤 생각이 드시나요? 직장 생활만으로 서른 살에 손에 쥔 현금이 2억 원에 가깝습니다. 하지만 안타깝게도 2022년 9월 기준 서울의 아파트 전세 실거래 평균 가격은 1㎡당 755.6만 원, 수도권은 542.3만 원입니다.[19] 흔히 우리가 25평이라고 표현하는 소형 평수 아파트가 59㎡이니 한 채 전셋값을 계산해보면 서울 4억 4,580만 원, 수도권 3억 1,996만 원입니다. 서른 살이라는 어린 나이에 이렇게 큰돈을 손에 쥐게 되었는데도 불구하고 누군가 도와주지 않는 이상 혼자 힘으로 서울이나 수도권 아파트 25평 전세에 빚 없이 들어가기 힘든 게 지금의 현실입니다. 요즘 청년들이 쉽사리 결혼을 결정하지 못하는 이유도 이와 같은 맥락에서 이해할 수 있습니다.

이제 지극히 평범하다고 불릴 만한 또 다른 남자입니다.

---

19)   KOSIS 국가통계포털, "아파트 전세 실거래 평균 가격", (자료 갱신일 2022.12.22.)

나이	위치	연봉(단위: 만 원)	보유 현금(단위: 만 원)
20	재수	-4,000	-4,000
21	대학생	-1,500	-1,500
22	군인	840	-
23	군인	560	-
24	대학생	-1,500	-1,500
25	휴학	-	-
26	대학생	-1,500	-1,500
27	대학생	-1,500	-1,500
28	휴학	-	-
29	직장 1년 차	2,900	500
30	직장 2년 차	2,900	500
총 금액		-2,800	-9,000

가상으로 설정한 이 남자는 스무 살에 바로 대학에 입학하지 못해 기숙형 재수학원을 등록하고 1년간 더 공부했습니다. 재수 종합 기숙학원 수강료가 평균 월 300만 원이므로 1년 교재비, 식비 등을 모두 포함해 4,000만 원으로 계산했습니다.[20] 재수 이후 대학에 입학했으나 장학금을 받지 못해 학비는 학자금 대출로 충당했습니다. 2022년 기준 일반 및 교

---

20) 이슈&탐사팀, "재수하면 3,000만 원은 기본, 부모 경제력이 낳는 불공정", 국민일보 (2021.11.22.)

육 대학 등록금은 한 학기 평균 676만 3,100원, 1년 평균 1,352만 원이므로[21] 계산의 편의를 위해 학자금 대출 이자 포함 1,500만 원으로 설정했습니다. 생활비는 아르바이트로 모두 충당했습니다.

군인 월급은 휴가를 나오거나 개인 물품 등을 구매하며 모두 썼습니다. 제대 후 복학했으나 학점 따기가 어렵고 전공이 맞지 않는다고 판단해 다시 1년을 쉬었습니다.

1년 뒤 또다시 재수하는 건 불가능하다고 판단해 다시 돌아와 수업을 듣기 시작했습니다. 하지만 대학 졸업이 가까워지면서 졸업 후 취업이 될지조차 불투명해 결국 졸업 직전 다시 휴학하고 각종 자격증을 따며 취업을 준비했습니다. 생활비는 역시 아르바이트로 모두 충당했습니다. 1년 뒤 졸업한 뒤 드디어 취직에 성공했습니다. 초봉으로 2,900만 원이라는 돈을 받지만 비싼 물가와 대출금 때문에 서른 살이 되어서도 돈은 단 한 푼도 모을 수가 없었습니다.

혹시 너무 비관적인 설정이었다고 생각하시나요? 물론 두 번째 예시에서의 재수 비용이나 대학 등록금은 부모님께서 대신 내주셨을 것입니다. 하지만 그만큼을 제외하더라도 서른 살까지 이 남자가 통장에 모은 돈은 단돈 1,000만 원뿐입니다. 평범한 이 남자의 이야기는 절대 비현실적인 이야기가 아닙니다. 충분히 앞으로 누군가의 미래가 될 수 있는 이야기입니다.

---

21) 통계청 공식 블로그, "4년제 대학 등록금 평균 676만 원", (2022.06.08.)

이제 다시 희미한 안개 속 옷장 앞으로 되돌아오겠습니다. 거대한 옷장은 여전히 굳게 닫혀 있습니다. 놀고 싶고 더 쉬고 싶겠지만 두 남자의 예시를 보고서도 더 쉴 수는 없을 것입니다. 만약 고등학생인 자녀가 계속 별다른 꿈과 미래에 대한 희망 없이 그저 놀고만 있다면 더 이상 방치하시면 안 됩니다. 저 두 남자가 서른 살까지 모은 현금의 차이가 무려 2억 7,900만 원입니다.

여러분은 어느 쪽을 선택하시겠습니까? 계속해서 거대한 옷장 문을 지켜만 보고 계실 겁니까? 더 이상 미뤄서는 안 됩니다. 이 글을 읽는 바로 지금 결정하고 행동해야 합니다. 단순히 좋은 대학이나 좋은 학과에 가라는 말이 아닙니다. 자기 스스로 어떤 미래를 꿈꿀 것인지 생각하고 고민해야 한다는 겁니다.

학부모님께서 자녀를 위한 최상의 학습 환경을 조성하고 전과 다른 변화를 끌어낼 수 있는 시기는 그 어느 때도 아닌 바로 지금입니다. 지금의 작은 결정이 미래의 자녀 모습을 획기적으로 바꿀 수 있다는 점을 명심하시길 바랍니다.

"장애물을 만났다고
반드시 멈춰야 하는 것은 아니다.
벽에 부딪힌다면
돌아서서 포기하지 말라."

마이클 조던
Michael Jordan

최상의
학습 환경을
조성하라

—

다이어트를 하려면 처음부터 치킨을 주문하지 말아야 하듯이

제대로 공부하기를 바란다면

처음부터 공부방에 책상과 침대를 함께 놓아서는 안 됩니다.

1) 방이 아닌 거실에서 공부하라

매년 1월이 되면 누구나 멋들어진 계획을 세웁니다.

'올해는 꼭 좋은 사람을 만나 꿈꾸던 연애를 해야지!'
'올해는 꼭 다이어트에 성공해서 살을 빼고 멋진 몸매를 뽐내야지!'
'올해는 꼭 취업에 성공해서 돈도 벌고 새로운 인생을 시작해야지!'

학교에 있는 아이들도 마찬가지입니다. 매년 3월 첫날 만나는 아이들의 눈은 기대와 설렘으로 가득합니다. 그 어느 때보다 반짝이고 뭐든 열심히 하려는 의지가 강합니다. 앞에 있는 선생님께 잘 보이려는 행동도 자주 눈에 띕니다.

하지만 4월이 되고 5월이 되면 다시 예전과 같이 생각하고 행동하기 시작합니다.

'한국사 인터넷 강의를 매일 하나씩은 들으려고 했는데 그게 잘 안 되더라고.'
'수학 공부? 물론 해야지. 그런데 중간고사를 못 보니 힘이 빠져 못 하

겠는걸.'

'영어 단어를 매일 외운다고 계획했었는데 지금은 단어장이 어디 있는지조차 모르겠어.'

그래서 5월이 되면 처음과 많이 달라진 자기 모습에 실망하고 상담하러 찾아오는 아이들이 많아집니다. 신기하게도 찾아온 아이들에게는 공통점이 하나 있습니다.

"열심히 한다고 생각했는데 아니었나 봐요. 요즘 들어 자꾸 공부하기 싫어져요."

"공부는 대체로 어디서 하니?"

"학원이나 독서실에서 하고요. 집에서도 많이 해요."

"그중 제일 집중이 안 되는 곳이 어디니?"

"당연히 집이죠. 집에 오면 진짜 하기 싫어져요. 그냥 쉬고 싶다니까요."

"네 잠재의식이 집을 쉬는 공간으로 받아들여서 그렇단다. 혹시 네 방이 따로 있니?"

"네. 제 방 있고요. 공부는 거의 제 방 책상에서 해요. 침대도 같이 있긴 하지만요."

"혹시 공부하다가 집중이 안 되면 침대에 벌렁 누워버리는 거 아니니?"

"맞아요! 사실 공부 좀 하다가 힘들면 휴대전화 들고 침대에 누워요. 유튜브나 인스타 좀 하다 보면 한두 시간은 그냥 가 버리죠."

아이들이 집에 가면 왜 공부를 잘 하지 않는지 눈치채셨습니까? 그 이유는 이 대화에 숨어 있습니다. 바로 아이가 공부하는 방에 책상과 침대, 전자기기까지 함께 있기 때문입니다. '고작 가구 배치 때문에 그랬단 말이야? 공부하기로 마음을 먹었으면 침대가 있든 없든 열심히 해야지!'라고 생각하실 수도 있습니다. 하지만 쉬고 싶은 마음은 사람이라면 누구나 갖고 있습니다. 따라서 이는 아이들의 문제가 아닌 학습 환경의 문제입니다.

직장에 지켜보는 사람 없이 책상 바로 옆에 침대가 있다면 온종일 한 번도 안 누워 볼 자신이 있으신가요? 안 누울 수 있다고 자신만만하게 말씀하실지 몰라도 막상 진짜 옆에 침대가 있다면 한 번쯤 누워 보고 싶다고 생각하는 게 사람 마음입니다. 책상 옆에 침대를 안 놓는 게 어떠냐며 부드럽게 권유하는 게 아닙니다. 책상 바로 옆에 침대를 두고 공부만 하라는 건 치킨을 시켜 맛있게 먹으면서 너는 치킨 냄새가 나더라도 다이어트를 해야 하니 참으라고 말씀하시는 것과 같습니다. 다이어트를 하려면 처음부터 치킨을 주문하지 말아야 하듯이 제대로 공부하기를 바란다면 처음부터 공부방에 책상과 침대를 함께 놓아서는 안 됩니다.

하지만 일반적으로 아파트에 방이 세 개이다 보니 아이에게 잠자는 방과 공부하는 방을 모두 주기란 현실적으로 쉽지 않습니다. 또한, 처음 의도와는 달리 혼자만 있는 공부방이 점점 공부하는 공간이 아닌 쉬는 공간으로 바뀌기도 합니다. 따라서 자녀 방은 언제든 온전히 쉴 수 있는 방으로 꾸며주시고 공부는 거실에서 할 수 있도록 꾸며주셔야 합니다. 공부방을 없애고 공간의 재구성을 통해 거실에서 공부할 수 있도록 해야한다는 〈공부방 없애기 프로젝트〉 영상[22]이 화제가 된 것도 이와 같은 이유 때문입니다.

4명의 자녀 모두 도쿄대 의학과에 입학한 『합격 신 엄마의 영재 교육법』의 저자 사토 료코, 일본 아마존 자녀교육 분야 베스트셀러인 『거실 공부의 마법』의 저자 오가와 다이스케 또한 거실을 학습 공간으로 활용해 온 가족 모두 공부하는 환경을 조성해야 한다고 말합니다. 또한, 부모님께서도 각자의 방이 아닌 거실에 나와서 아이 곁에서 같이 공부하는 모습을 보여주시는 게 필요하다고 주장합니다.

단, 이때 반드시 지켜주셔야 할 게 있습니다. 부모님께서 함께 계실 때 아이의 공부가 아닌 자기 공부에 집중하셔야 한다는 점입니다. 사실 아이들만 공부할 게 많은 건 아닙니다. 어른들도 읽어야 할 책이 많고 해야할 공부가 많습니다. 평소 '이걸 공부해야 하는데.', '이 책을 읽으려고 했었는데.' 하신 적이 있지 않으셨나요? 지금이 미뤄두었던 공부와 책 읽기

---

22) SBS 스페셜, 〈공부방 없애기 프로젝트〉, (2023.01.08.)

를 할 수 있는 절호의 기회입니다. 앞으로는 거실에서 아이와 함께 공부하시되 아이의 공부 대신 지금까지 미뤄두었던 자기 공부에 집중하시면 됩니다.

실제로 거실 공부를 시작하게 되면 아이들보다 부모님의 만족도가 더 높습니다. 전보다 온전히 자기 자신에게 더 집중하게 되고 안 읽던 책도 더 읽을 수 있기 때문입니다. 부모님께서 TV를 보면 아이들도 덩달아 부모님 곁에서 TV를 봅니다. 부모님께서 휴대전화만 보고 있으면 자연스레 아이들도 휴대전화에 관심을 둡니다. 아이들은 부모님의 모습에서 정말 많은 걸 배웁니다. 그러니 자녀가 공부하기를 원한다면 부모님 또한 공부하는 모습을 보여주셔야 합니다.

"아빠 뭐 해?"

"아빠 글 쓰는 중이야. 언니, 오빠들에게 도움이 될 책을 한 권 낼 생각이거든."

"진짜? 나도 글 써볼래. 언니, 우리도 글 쓰러 갈래?"

"그래, 좋아."

얼마 전 저와 두 딸이 나눈 대화입니다. 제가 글 쓰는 모습을 보이니 아이들도 자연스레 글쓰기를 연습하기 시작한 것입니다. 이처럼 자녀에게 공부하라고 잔소리하는 모습 대신 자기 공부에 집중하고 책에 집중하는 모습을 보여주시면 아이 또한 '무슨 책 읽는 거야?'라며 관심을 보일 것입니다. 또한, 시간이 지날수록 자연스레 책과 삶, 일상, 서로에 관해 폭넓게 이야기할 수 있을 것입니다.

삼 형제를 서울대에 보낸 가수 이적의 어머니 박혜란 또한 공부하라는 말 대신 아이들 곁에서 계속 공부하고 책 읽는 모습을 보였습니다. 그러니 거실을 가족 모두의 학습 공간으로, 주방과 식탁을 가족 모두의 소통 공간으로, 안방을 부모님께서 온전히 쉴 수 있는 방으로, 자녀 방은 자녀가 온전히 쉴 수 있는 방으로 바꾸신다면 집이라는 공간을 확실히 학습, 소통과 쉼 모두를 얻을 수 있는 공간으로 재구성하실 수 있을 것입니다.

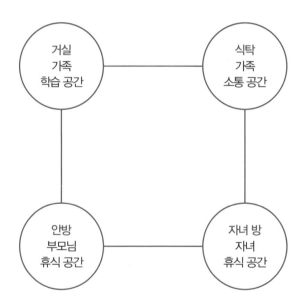

만약, 미취학의 어린 자녀가 같이 있어 도저히 거실에서 조용히 공부할 수 없는 환경이라면 거실 학습이 가능해지기 전까지 조용한 방 하나를 아이의 공부방으로 꾸며주는 게 좋습니다. 공부방에는 책상과 책장을 함께 배치하며 벽지도 눈이 피로하지 않은 색으로 꾸며주시면 도움이 됩니다. 공부방에는 불필요한 물건이 적을수록 좋습니다. 따라서 학습에 필요한 꼭 필요한 가구만 배치하고 나머지 공간을 비워 집중력을 높일 수 있도록 해야 합니다.

처음부터 다이어트에 실패하고, 자격증을 따지 못하고, 연애에 실패하고 싶은 사람은 없듯이 그 어디에도 처음부터 공부를 못하고 싶은 아이는 없습니다. 원하던 성적을 받지 못하는 실패 경험이 반복되면서 점점 공부에 흥미를 잃게 될 뿐입니다. 따라서 공부에 더 흥미를 잃기 전에 아이가 온전히 공부할 수 있는 최적의 환경을 조성하고 도와줘야 합니다. 거듭 강조합니다. 집의 환경 조성만으로도 자녀뿐 아니라 가족 모두가 정말 큰 변화를 느끼실 수 있습니다. 변화의 시작은 침대와 책상을 한 공간에 두지 않으며 거실을 공부 공간으로 활용하는 것에서부터 출발할 수 있습니다.

2) 어디서든 무기력하게 잠들지 말라

우리는 매년 초 많은 다짐을 합니다. 작년에 못 했던 것들에 대한 아쉬웠던 기억을 담아 올해는 꼭 이루리라 다짐하며 예쁜 다이어리도 삽니다.

하지만 작심삼일이라 했던가요? 분명 열심히 하려고 시작했는데 왜 하필이면 운동을 시작한 지 얼마 되지 않아 갑자기 그동안 뜸했던 친구의 연락이 자주 오는 건지, 회사 회식은 왜 또 어김없이 시작되는 건지, 일은 또 왜 이리 많아지는 건지 알 수가 없습니다. 헬스장에 무슨 일이 있어도 가겠다던 다짐은 하루하루 갈수록 오늘은 못 갈 것 같다는 체념으로 바뀝니다. 살을 **빼야** 하는데 헬스장 가는 걸 **빼먹습니다.** 스트레스에 야식까지 먹고 나면 올해도 또 이렇게 지나가겠다는 생각에 연초 헬스장 1년 정기권을 끊은 자기 결정을 탓하며 우울해합니다.

'야식을 먹고 나면 그래도 기분이 좋아지는 거 아닌가?'라고 생각하신다면 유튜브에 '우울한 먹방'이라는 키워드를 검색해보시길 바랍니다. 우울함으로 인한 폭식과 그로 인한 우울함의 악순환이 반복되어 섭식 장애까지 겪는 사람들이 정말 많음을 금세 확인하실 수 있습니다.

그러니 스터디 카페에 가서 하라는 공부는 안 하고 휴대전화나 태블릿만 바라보는 학생들을 마냥 탓할 수 없습니다. 스터디 카페를 등록한 학생이라면 살을 빼기 위해 연초 헬스장 1년 정기권을 끊었던 사람처럼 분명 열심히 공부하려는 마음을 먹었던 게 분명하기 때문입니다.

사실 대다수 학생의 첫 시작은 참 괜찮았습니다.

"제가 어느 날 학원이 너무너무 가기 싫은 거예요. 그래서 과감하게 모든 학원을 끊겠다고 선언하고는 스터디 카페에 들어갔어요. 솔직히 2주는 진짜 열심히 했거든요? 그런데 어느 날 제 근처 아이들이 태블릿을 보면서 즐거워하는 모습을 보니 저도 너무 보고 싶은 거예요. 그래서 딱 30분만 보자 했는데 3시간이 지나가 있더라고요. 학원 간 친구들은 저처럼 3시간씩 딴짓하지는 않잖아요. 그래서 제 결정이 잘못된 것 같고 후회가 돼요."

이처럼 혼자 공부하기로 마음먹었다가 얼마 되지 않아 나태해지는 자기 모습을 발견하는 학생들이 꽤 많습니다. 첫 시작은 분명 괜찮았는데 대체 무엇이 문제였던 걸까요? 그 이유는 바로 학원에 가기 싫어서 스터디 카페에 간 것이었기 때문입니다. 많은 학생과 상담해 보니 문제는 스터디 카페라는 공간 자체에 있지 않았습니다. 자꾸 도망만 다니며 자기 자신을 인정하지 않는 학생의 태도에 문제가 있었습니다. 다음은 학원이나 과외, 스터디 카페 등록을 반복하지만 제대로 공부하지 못한 아이들의 일반적인 특징을 순서대로 정리한 것입니다.

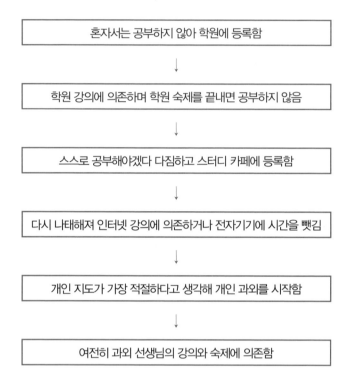

반복되는 악순환이 눈에 보이십니까? 이러한 악순환은 집에서 걱정하시는 부모님 탓도, 숙제를 많이 내주는 학원 탓도, 학생 스스로 공부할 수 있도록 학습 환경을 조성하는 스터디 카페 탓도, 매주 두 번씩 찾아와 맞춤형 수업을 하시려는 과외 선생님 탓도 아닙니다. 바로 교육의 주체인 학생에게 제대로 공부하려는 의지가 없기 때문입니다.

이 의지는 혼자 갖겠다고 될 일이 아닙니다. 아무리 자기 계발서를 많이 읽어도, 주변에서 공부하라고 잔소리해도, 스스로 공부할 수 있도록 환경을 조성한다 해도 쉽지 않습니다. 그러니 학생과 학부모, 주변 선생님 모두가 함께 노력해야 합니다. 무엇보다 학생의 의지가 가장 중요합니다. 아무리 주변에서 도와주려고 노력해도 본인에게 별 생각이 없으면 아무 소용이 없기 때문입니다.

지금 자기 삶과 1%도 관련 없는 분야 하나를 떠올려 보시길 바랍니다. 아랍어 회화, 수영, 피겨 스케이트, 침대 매트리스 연구, 포도 품종 연구 등 뭐든 좋습니다. 아무거나 가장 관심이 없었던 분야 하나를 떠올려 보시길 바랍니다. 그리고 갑자기 내 삶과 1%도 관련이 없었던 이 분야에 관해 앞으로 6년간 공부해 지금의 수능과 같은 시험을 치러야 한다고 구체적으로 상상해 보시길 바랍니다.

가장 먼저 어떤 생각이 드십니까? 아마 처음에는 이게 무슨 말도 안 되는 이야기냐며 현실을 부정하실 겁니다. 빨리 내 삶을 전과 같이 되돌려 달라며 아우성치실지도 모릅니다. 그 분야에 관해 알려주는 사람이 있더라도 못 들은 척하실 겁니다. 하지만 어느 정도 시간이 지나면 점점 체념하게 되고 바뀐 시스템에 빠르게 적응하며 시험을 준비하는 주변 사람들을 바라보게 되실 겁니다. 여전히 시험공부를 하고 싶지는 않습니다. 하지만 점점 더 불안감이 커지는 건 부정할 수 없습니다.

'이러다가 정말 시험을 못 보면 어떻게 되는 거지?'

주변에 물어봐도 별 답변 없이 다들 시험 준비에 집중할 뿐입니다.

'왜 다들 이 상황을 항의 한번 없이 담담하게 받아들이는 거지? 왜 이렇게 열심히 준비하는 거지?'

도저히 알 수 없지만 시간은 점점 흘러갑니다. 그리고 시간이 지나면 지날수록 점점 더 초조해집니다. 여전히 사람들은 담담하게 계속해서 시험 준비를 이어 나갑니다. 아무래도 나만 모르는 무언가가 있는 게 틀림없습니다. 1년이 지나고 2년이 지나 문득 고개를 들어보니 자신을 제외한 모두가 점점 더 치열하게 시험을 준비하고 있다는 사실을 알게 됩니다. 시험과 관련된 사교육이 생기기 시작합니다. 얼마 지나지 않아 사교육을 받기 위한 사람들이 넘쳐나고 있다는 걸 깨닫습니다. 그제야 시험을 어떻게 준비해야 하는지에 대한 고민의 크기가 시험을 왜 준비해야 하는지에 대한 고민의 크기를 넘어서 버립니다.

'어차피 이렇게 될 거라면 진작부터 미리 준비할걸 그랬잖아.'

결국 뒤늦게 남들처럼 시험을 준비하기 시작합니다. 하지만 대체 무슨 말인지 하나도 모르겠다는 생각과 이미 늦었다는 불안감이 하루하루 자신을 괴롭힙니다. 학원에 가니 이해할 수 없는 분야에 관해 아무 이유 없이 공부하는 기계가 되어간다는 생각이 듭니다. 스터디 카페에 가도 똑같습니다. 사실 아무것도 하고 싶지 않습니다. 왜냐하면….

왜 아무것도 하고 싶지 않을까요? 사실 우리는 모두 그 답을 알고 있습니다. 앞으로 뭘 할지, 어떤 직업을 갖고 살지, 어떤 가치관을 중심으로 살아갈지, 누구와 함께 어디에서 살지에 대해 그 어느 것도 모르는 상태에서 왜 배우는지도 모르는 지식을 계속해서 배우고 이해하고 암기해야 하기 때문입니다.

지금의 어른들이 몇십 년 전 아이였을 때에도 지금과 같은 상황이었습니다. 학교에 가면 예전에는 몰랐던 방대한 지식이 쏟아졌고 학생들은 그 지식을 무조건 받아들이고 적용할 수 있어야 했습니다. '왜 배우지?'라는 질문 대신 '어떻게 다 외워야 하지?'라는 질문이 더 유용했습니다. 지금의 어른들도 아이였을 때 요즘 아이들과 같은 이유로 힘들어했습니다.

하지만 긴 시간이 지난 지금의 어른들은 삶의 경험을 통해 지식보다 삶의 지혜가 더 중요하다는 걸 알고 있습니다. 어른들은 삶의 이유를 찾지 못하고 무기력하게 있는 시간이 길어지면 길어질수록 아이에게 좋지 않다는 걸 알고 있습니다. 그러니 지금부터라도 지금의 아이들만큼은 어른들이 미리 겪었던 전과 같은 시행착오를 겪지 않을 수 있게 도와줘야 하지 않을까요? 아이들을 위해, 더 길게는 우리의 미래를 위해서 말입니다.

따라서 공부를 왜 해야 하는지에 관한 본질을 아이 스스로 깨달을 수 있도록 주변에서 도와야 합니다. 집에 갈 때마다 휴대전화 좀 그만 보라며 잔소리하시는 부모님도, 갈 때마다 숙제를 정말 많이 내주시는 학원 선생님도, 이제는 공부에 집중하는 게 어떠냐며 조언해주시는 담임 선생님도 모두 잘되라고 그러셨다는 걸 학생 스스로 깨닫고 이해할 수 있도록 도와야 합니다. 그래야만 공부하는 이유를 찾지 못하고 학원과 과외, 스터디 카페를 오고 가며 시간만 보내는 악순환의 고리를 완전히 끊어낼 수 있습니다.

3) 적극적으로 학습 환경을 개선하라

매년 담임으로 맡는 반 아이들에게 항상 고마운 게 있습니다. 고맙게도 제가 상담에 집중하는 이유를 정확히 알고 있다는 점입니다. 단순히 돈이나 명성을 얻기 위해 상담에 집중하는 게 아니라는 걸 아이들이 더 잘 알고 있습니다. 그래서 저도 매년 상담하는 아이마다 온 힘을 담아 돕겠다고 다짐하는 것입니다.

"정말로 해볼게요. 선생님. 믿어주신 만큼 진짜 열심히 해볼게요."

이렇게 말하며 의지를 불태우는 아이들에게 제가 뭘 더 바랄 게 있을까요? 정말 잘할 수 있고 원하는 목표 이룰 수 있을 거라고 토닥여주는 게 상담이 끝날 때마다 제가 할 수 있는 최선입니다.

이 학생들이 당차게 다짐한 뒤 계속해서 열심히 최선을 다해 준다면 얼마나 좋을까요? 하지만 안타깝게도 한 달도 채 되지 않아 다시 찾아오는 학생들이 의외로 많습니다. 정말 열심히 노력하는데도 불구하고 그 집념을 꾸준히 이어 나가는 게 말처럼 쉽지 않기 때문입니다. 공부를 왜 해야 하는지, 공부라는 게 자기 생활에 어떤 의미를 지니는지 전보다 훨씬 더 잘 알고 있는데도 불구하고 자리에 앉으면 다시 딴생각이 든다며 속상해합니다.

이런 학생에게는 어떤 조언이나 도움이 필요할까요? 제 책을 읽고 열심히 공부해보겠다고 다짐할 학생들을 위해 부모님께서 집에서 손쉽게 할 수 있는 효과적인 학습 환경 조성 방법 세 가지를 소개하고자 합니다.

첫째, 전자기기부터 아이 곁에서 최대한 멀리 둬야 합니다. 공부할 때 가장 치명적인 적은 바로 휴대전화와 태블릿입니다. 아이들은 인터넷 강의를 들어야 해서 태블릿이 꼭 필요하다고 말하겠지만 사실 휴대전화와 태블릿은 인터넷 강의보다 메신저 대화나 유튜브 영상 시청 등의 다른 용도로 훨씬 많이 사용되는 도구입니다. 휴대전화와 태블릿은 철저하게 자신을 통제할 줄 아는 아이가 아닌 이상 학습에 도움이 되지 않습니다.

"요즘 휴대전화나 태블릿 없는 아이가 어디 있나요? 시대에 뒤떨어진 생각이에요."

이렇게 생각하실 수 있습니다. 하지만 2023년 6월 30일 기준 시총 3조 달러[23]를 돌파한 애플의 창업자이자 아이폰과 아이패드 개발을 주도해 전 세계인이 스마트기기를 쓰도록 한 스마트 혁명의 장본인인 스티브 잡스는 정작 자기 자녀에게는 스마트기기를 쓰지 못하게 했으며 저녁마다 부엌에 있는 식탁에 앉아 자녀들과 책이나 역사와 같은 다양한 주제에 관해 이야기했습니다. 3D 로보틱스의 CEO 크리스 앤더슨은 아이들이 사용하는 전자기기에 부모가 통제할 수 있는 장치까지 달아 사용을 통제함은 물론 침실에 전자기기를 두지 못하게 했습니다. 또한, 10세 이전에는 주말에만 하루 30분에서 2시간 30분 정도까지 제한적으로 쓰도록 하였으며 10세가 넘어서는 학교 과제를 할 때만 제한적으로 평일에 전자기기를 사용할 수 있도록 허락했습니다.

스티브 잡스나 크리스 앤더슨만의 이야기가 아닙니다. 조금만 검색해 보시면 실리콘 밸리의 수많은 CEO가 자녀교육을 하면서 전자기기를 엄격하게 통제했다는 사실을 알 수 있습니다. 휴대전화, 태블릿, 로봇을 개발하고 판매하는 사람들이 정작 자기 자녀에게는 철저하게 사용을 통제

---

23) 애플의 시총 3조 달러는 2021년 한국 국내 총생산(GDP) 1조 7,219억 달러의 약 1.7배에 달한다.

한다는 사실이 의미하는 게 무엇일까요? 스마트기기의 중독성을 스스로 제어할 수 있어야만 현명하게 사용할 수 있다는 것입니다.

멘탈 시크릿 6에서 잠시 언급했던 2학년 담임으로 만난 학생의 이야기를 좀 더 자세히 들려드리려 합니다. 이 학생은 한시도 휴대전화와 태블릿을 곁에 두지 않은 적이 없었다는 걸 스스로 인정할 정도로 스마트기기 중독이 심했습니다. 항시 주머니나 책상 위, 침대 머리맡 등 주변에 두며 카카오톡, 인스타그램, 유튜브와 같은 SNS를 즐겼습니다. 하지만 전자기기를 사용하면 할수록 계속 이래도 괜찮은 건지 모르겠다는 생각에 매우 불안해했습니다. 좋은 대학에 가기 위해 열심히 공부해야 하는 걸 알고 있는데 집중할 만하면 각종 SNS나 영상이 떠올라 힘들었다는 겁니다.

이 학생은 상담을 통해 이러한 고민을 조심스레 털어놓았으며 몇 차례의 상담을 더 한 뒤 정말 중대한 결심을 했습니다. 휴대전화와 태블릿을 제게 직접 맡기기로 한 것입니다. 지금도 전자기기들을 가져온 날 학생의 표정이 생생하게 기억납니다. 너무나 귀중한 보물을 들고 온 듯 투명한 지퍼백에 휴대전화와 태블릿을 넣어 가져오고는 "이거 맡겨도 될까요?"라고 묻던 표정을, 정말 괜찮겠냐며 놀라는 저를 보며 "이제는 제 꿈을 이루고 싶어요."라고 말하던 그 상황을 말입니다.

너무도 기특했던 이 학생은 수능이 끝난 뒤 찾아와 "저 원하던 대학에 갈 수 있을 것 같아요. 감사해요."라는 인사말을 남긴 채 맡겼던 전자기기들을 찾아 갔습니다. 가장 중요한 1년 동안 진짜 자기 목표에 집중한 덕에 더 나은 결과를 얻을 수 있었던 것입니다.

이처럼 자기 꿈을 이루기 위해서는 항시 곁에 두던 전자기기부터 잠시 내려놓아야 합니다. 그래야 가장 중요한 것에 제대로 집중하며 공부할 내용을 온전히 받아들일 수 있습니다. 각종 전자기기와 로봇을 만든 사람들의 자녀가 어떤 가정교육을 받았는지 꼭 기억하시길 바랍니다.

둘째, 집의 거실을 학습 공간으로 활용해야 합니다.

"방에 혼자 들어가 문까지 잠그고 나오지 않는데 어떡해야 하죠?"

학부모 상담을 진행하면서 남학생 학부모로부터 많이 받는 질문 중 하나입니다. 혼자만의 공간은 누구에게나 필요합니다. 하지만 혼자 문까지 잠그고 방 안에 있는 건 학습에 그리 유익하지 않습니다. 그러니 무엇을 공부하고 어떤 모습으로 공부하며 얼마나 공부하는지 거실이라는 한 공간에 앉아 함께 공유하고 개선할 수 있어야 합니다. 두꺼운 외투를 입고 길을 걷는 사람의 외투를 벗게 하려면 세찬 바람 대신 따뜻한 햇볕이 필요한 것처럼 방문을 잠그고 나오지 않는 아이를 나오게 하려면 무한 잔소리 대신 가족이 함께 공부하는 분위기를 조성해 주셔야 합니다.

집에서 가족이 직접 요리하기를 즐기는 분위기라면 아이도 자연스레 요리를 좋아하게 되고, TV와 컴퓨터로 가득 차 있는 분위기라면 아이도 자연스레 영상과 게임에 빠져들게 됩니다. 어른과 아이 모두 다를 게 없습니다. 따라서 거실에 평소 좋아하는 분야의 책을 꽂아두고 함께 공부하는 분위기로 만들어보시기를 적극 권해드립니다. 분명 공부하시는 부모님 곁에 공부하는 자녀가 함께할 것입니다.

셋째, 아이에게 최대한 많은 칭찬과 긍정적인 반응을 해주셔야 합니다. 고등학생은 언제나 불안합니다. 불안감은 학년이 올라갈수록 더 커집니다. 밤늦게까지 학원에 다니는 친구, 주말마다 5~6개씩 과외 수업을 듣는 친구, 인터넷 강의를 하루에도 몇 개씩 듣는 친구를 보면 마음이 조급합니다. 친구들처럼 해야 하는 건 알겠는데 그만큼 공부하려니 금세 힘들고 지칩니다. 정답이 있다면 그 길로 가겠는데 뭐가 정답인지 잘 모르겠습니다. 답답하고 초조합니다. 이게 일반적인 고등학생의 심리 상태입니다.

따라서 아이가 잘할 수 있도록 집에서 최대한 많은 칭찬과 긍정적인 반응을 해주셔야 합니다. 해야 할 공부를 다 하지도 않았는데 칭찬하시라는 이야기가 아닙니다. 아이 스스로 플래너를 작성하고 계획에 따라 실천하려는 모습을 보일 때, 틈틈이 영어 단어 하나라도 더 외우려는 모습을 보일 때, 벼락치기일지라도 시험에 최선을 다하는 모습을 보일 때, 학습을 위해 최선을 다할 때마다 영혼까지 끌어올려 아이를 믿고 있다는 긍정적인 신뢰를 보여주셔야 합니다. 충만한 믿음으로 꼭 안아주셔야 합니다. 칭찬은 고래도 춤추게 합니다. 부모님께서 아이를 믿어주시는 만큼 아이 또한 그 믿음을 바탕으로 성장합니다.

주도적으로 공부하고
성취감을 느껴라

—

자기주도학습은 해도 되고 안 해도 되는 공부 방법이 아닙니다.

학생이 꾸준히 공부하기 위해 꼭 필요하며

대다수 학생에게 적용할 수 있는 유용한 학습 전략입니다.

1) 꼭 필요한 강의만 선택해 들어라

'수학 문제를 잘 풀고 싶다.'

'영어로 유창하게 말하고 싶다.'

'코딩을 활용해 프로그램을 만들고 싶다.'

누구나 잘하고 싶은 게 참 많습니다. 잘하고 싶은 게 많은 사람이 일반적으로 가장 먼저 떠올리는 게 무엇일까요? 바로 관련 분야의 강의일 것입니다.

'수학 문제 풀이 방법을 잘 알려주는 학원이 있을까?'

'영어를 유창하게 말하기 위해 도와주는 어학원이 있을까?'

'코딩을 차근차근 잘 알려주는 온라인 강의가 있을까?'

이처럼 무언가를 배울 때 누구나 관련 강의를 먼저 알아볼 정도로 강의는 학습에 있어서 중요하면서도 가장 기본적인 콘텐츠 중 하나입니다. 인터넷이 지금처럼 보편화되지 않았던 예전에는 어떤 분야든 중요한 정보를 얻기가 참 어려웠습니다. 어떤 주식이 유망한지, 어느 시점에 투자

해야 하는지 알고 싶어도 그 정보를 얻기 쉽지 않았습니다. 따라서 전문가의 강의는 이러한 정보의 불균형 해소를 위해 꼭 필요했습니다. 좋은 정보를 얻기 위한 필수 콘텐츠였던 셈입니다.

그렇다면 최근에도 강의는 그 중요한 역할을 계속해서 담당하고 있을까요? 예전과 달리 요즘은 궁금한 게 생겼을 때 인터넷에서 바로 검색할 수 있는 정보가 넘쳐나는 세상입니다. 하지만 단순한 검색으로 알 수 있는 게 많아진 만큼 관련 정보에 관한 광고도 많아졌습니다. 정확한 정보를 알고 싶은데 광고성 정보까지 함께 제공되니 어떤 정보가 진짜 내게 필요한 정보인지 알기 어려워졌습니다. 자칫 광고성 정보를 진짜 정보라 착각하기 쉬우니 진짜 정보를 구별하는 능력이 중요해졌습니다. 그러다 보니 지금까지도 사람들은 강의를 진짜 정보를 얻을 수 있는 대표적인 콘텐츠 중 하나로 여기고 있습니다. 해당 분야의 전문가가 광고 정보가 아닌 진짜 정보를 알려줄 거라는 신뢰가 강의라는 콘텐츠에 아직 남아 있기 때문입니다.

최근 등장한 Open AI의 Chat GPT 또한 사람들이 진짜 정보를 얼마나 중요하게 여기는지 알려주는 대표적 사례라 할 수 있습니다. Chat GPT는 광고 없이 빠르고 정확한 검색 결과를 제공해 단기간 내에 사람들의 폭발적인 호응을 끌어냈습니다. Chat GPT가 등장함으로써 현대 사회가 광고성 정보에 높은 피로감을 느끼고 있다는 걸 증명한 것입니다.

강의가 전문가의 의견이라는 관점에서 볼 때 최근까지 학교에서 수업이 선생님의 강의 위주로 전개되는 상황은 너무나 당연해 보였습니다. 하지만 코로나로 인해 전면 원격 수업이 보편화되자 학교 현장의 분위기는 급격하게 바뀌기 시작했습니다. 전에도 학생들은 온라인상에서 검색을 통해 얻을 수 있는 방대한 정보량이 학교에서 배우는 정보량보다 훨씬 많다는 걸 알고 있었습니다. 하지만 그걸 알고 있다고 해서 수업을 듣지 않거나 학교에 안 나올 거로 생각하지는 않았습니다. 학교는 당연히 나오는 곳이었고 친구를 만날 수 있는 통로였으며 선생님의 수업을 듣는 곳이었습니다.

그러나 원격 수업을 직접 경험한 학생들은 이제 학교에 나오지 않아도 무언가 배울 수 있다는 것을 몸소 깨달았습니다. 이러한 경험은 최근 다시 전면 등교가 시행된 이후 학생들의 학습 태도에 변화를 부른 결정적인 계기가 되었습니다. 전보다 코로나 인정 결석이 아니라도 체험학습, 가정학습, 생리 결석 등을 통해 어떻게든 학교에 나오지 않으려는 학생의 수가 많이 늘어났습니다. 자퇴나 검정고시에 관해 더 진지하게 생각하는 학생들이 많아졌습니다. 공부를 열심히 하던 학생들조차 학교가 과연 필요한 곳인지에 대해 의문을 품기 시작했습니다.

전면 등교수업이 진행된 2022년부터 지금까지 교실은 전과 어떻게 달라졌을까요?

학교 현장에서 가장 보편적으로 보이는 큰 변화는 강의를 바라보는 학생들의 태도입니다. 학교 시험을 학교 수업이 아닌 온라인 학원 강의를 통해 준비하는 학생이 늘었습니다. 또한, 학교 수업을 중요하게 생각하지 않는 학생의 수가 늘었습니다. 수업에 참여하지 않고 학급에서 곤란한 일만 일으킨 학생이라 해도 학교생활기록부에 단점을 기재하려면 변화 가능성까지 함께 입력해야 한다는 점[24], 학교생활기록부에 기록할 수 있는 항목이나 글자 수가 대폭 줄어든 점, 대학 입시의 서울 주요 대학 정시 전형 비율이 40% 이상으로 바뀐 점도 한몫했습니다.

그렇다면 강의 위주였던 대한민국 고등학교 공교육이 앞으로 나아가야 할 방향은 무엇일까요? 멘탈 시크릿 3에서 언급했듯이 하버드대학교 의과대학은 2019년부터 새로운 교육과정을 도입했습니다. 1학년 때 기초 의학과 임상의학에 관한 강의를 모두 끝낸 뒤 2학년 때 임상 실습하도록 바꾼 것입니다. 이는 실습을 과거보다 7개월 앞당긴 것입니다. 3~4학년 때는 심화 학습과 연구를 합니다. 즉, 하버드대학교 의과대학 학생들은 1학년 때까지만 강의를 듣는데 이마저도 지식과 정보를 전달하는 강의가 아닙니다. 사전에 제작된 동영상 및 과제물을 통해 학생이 수업에 들어오기 전에 먼저 스스로 학습하게 한 뒤 수업 시간에 소그룹으로 나누어 문제 해결 중심으로 토론하는 'Flipped Learning'입니다.

하버드대학교 의과대학 교육과정을 몇몇 학생에게 소개하자 바로 질문이 들어왔습니다.

---

24) 2023학년도 학교생활기록부 기재 요령, "13. 행동 특성 및 종합의견 해설 제16조 나항", p.129.

"강의가 없으면 어떤 걸 배우는 건가요?"

"의과대학인데 강의를 안 들어도 되는 건가요?"

"사람의 목숨을 다루는 직업이니 전문지식이 훨씬 더 많아야 하지 않나요?"

앞으로는 인공지능이 사람을 대신해 전문지식을 습득하고 전문적인 수술을 대신할 가능성이 큽니다. 사람이 하던 운전을 인공지능을 활용한 자율주행으로 대체함으로써 오히려 사고가 줄어든다고 예측하는 것과 같습니다. 인공지능을 활용함으로써 훨씬 더 정확하고 세밀한 수술이 가능해졌습니다. 가천대학교 길병원에 있는 인공지능 의사 왓슨과 해외 인공지능 의사 사례가 그 가능성을 보여주고 있습니다.

물론 아직 기술적 한계 때문에 현직 의사를 완전히 대체할 만한 수준은 아닙니다.[25] 하지만 지금 한계가 보인다고 해서 앞으로도 계속 이 한계가 지속되는 건 아닙니다. 시간이 지날수록 인공지능 의사가 인간 의사를 대체할 가능성은 계속해서 높아질 것이기에 하버드대학교 의과대학 또한 지식 전달 대신 인공지능과 차별화된 의사 양성을 위해 노력하는 것입니다.

국내 대학 또한 시대 변화에 맞춰 발 빠르게 움직이고 있습니다.

---

25) 박민식, "AI 의사로 주목받았던 '왓슨'은 왜 잊혀졌나", MEDI:GATE NEWS, (2021.09.05.)

한국형 온라인 강좌인 K-MOOC는 특정 대학이나 학과에 입학한 정해진 인원만이 강의실에서 들을 수 있었던 기존 강의 시스템에서 온라인 학습 시스템으로 변화한 대표적인 사례입니다. 수많은 대학이 인문, 사회, 교육, 공학, 자연, 의약, 예체능 등 다양한 분야의 강의를 올리며 누구든 이 강의를 들을 수 있습니다. 교육부가 K-MOOC 사업의 총괄 기관이니 수강료는 당연히 무료입니다.

연세대학교 경제대학원의 연세-네이버 클라우드 데이터 사이언스 교육과정 또한 대표적인 사례입니다. 연세대학교 학생이 아니더라도 8주 전 과정 48만 원이라는 가격에 누구나 수강할 수 있습니다. 적은 금액이라고는 할 수 없으나 대학 등록금을 내지 않고 수강할 수 있다는 점을 고려할 때 상당히 매력적인 금액으로 볼 수 있습니다. 강의 소개란을 보면 데이터분석에 관한 지식이 전혀 없더라도 4~6개월 만에 첨단 데이터분석 기법을 현업에 적용하는 것이 가능하도록 효율적으로 강의를 구성했다고 소개되어 있습니다.

그렇다면 왜 수많은 대학이 K-MOOC에 자기 대학의 강의를 무료로 수강할 수 있도록 올리는 것일까요? 왜 연세대학교가 네이버 클라우드와 연계해 모두에게 데이터 사이언스 교육과정 관련 강의를 열고 최종 시험을 통과한 수강생들에게 프로그램 수료증까지 발급하는 것일까요? 강의가 더 이상 대학만의 전유물이 아니기 때문입니다. 이제 더 이상 정보는 일부에게만 제공되는 비밀 이야기가 아닙니다. 강의에서 얻을 수 있는 정보를 Chat GPT와 같은 AI로부터 쉽게 알아낼 수 있는 세상입니다. 그래서 대학도 전문적인 일부에게만 강의를 공개하던 과거에서 벗어나 누구든 강의를 수강할 수 있도록 공개하는 것입니다.

믿을 만한 정보가 필요한 세상입니다. 어떤 정보가 진짜 정보인지 혼란스럽습니다. 이런 세상에서 여전히 강의는 필요하고 중요합니다. 하지만 이보다 더 중요한 게 있습니다. 바로 강의를 온전히 자기 걸로 재구성할 줄 아는 학생의 자기주도학습 능력입니다. 공부하려는 의지와 꿈을 향해 나아가려는 목표 의식, 자기 분야에서 최고가 되려는 노력도 함께 필요합니다. 사람들이 자기를 돌보일 수 있도록 도와줄 대학과 기업을 원하듯이 대학과 기업 또한 점점 더 자기 발전을 위해 강의를 적극적으로 활용할 수 있는 학생을 필요로 하게 될 것입니다.

2) 타인과 나를 비교하지 말라

공부를 못하고 싶어 하는 학생은 아무도 없습니다. 억지로 시켜서 하든, 자기가 좋아서 하든, 성적이 좋으면 흥미를 갖기 마련입니다. 친구 따라 골프 연습장에 한 번 따라갔을 뿐인데 옆에서 자세가 좋으니 배우면 금방 잘 치겠다며 사람들이 한마디씩 하고 지나간다면 어떨 것 같으신가요? 좋아하는 걸 잘하는 경우도 많겠지만 일반적으로 사람들은 잘하는 걸 좋아합니다.

어릴 때 부모님은 자녀에게 많은 걸 가르치고 싶어 하십니다. 그래서 아이가 점차 자라 학원에 다닐 수 있는 나이가 되면 피아노나 태권도, 줄넘기 등을 다니기 시작합니다. 한글이나 영어 같은 언어 학원도 병행합니다. 주말마다 자전거 타는 걸 연습시켜 어린 나이임에도 능숙하게 탈 줄 아는 아이들도 있습니다.

피아노, 태권도, 줄넘기, 자전거 타기, 영어 말하기 모두 처음에는 잘하지 못하던 아이들도 학원에 다니면서 점점 더 잘하게 됩니다. 그리고 잘한다는 칭찬을 받으며 '내가 이걸 잘하는구나.'라고 생각하고 빠져들게 됩니다. 아이들이 잘하는 걸 점차 좋아하게 되는 이유입니다. 그리고 아이들이 본격적으로 학원에 다니기 시작하면 부모님께서는 자녀가 학원에 간 사이 여기저기서 모임을 하며 정보를 나눕니다.

그런데 이 과정에서 작은 문제가 하나 생깁니다. 아이가 더 잘했으면 하는 욕심에 부모님 마음이 점차 급해지기 시작하는 겁니다.

"얼마 전 집에서 한글을 좀 가르쳐 봤어요. 다행히 곧잘 따라 하고 쓰더라고요."

"어머, 학원에 안 다니나 봐요? 우리 아이는 한글을 뗀 지 좀 됐어요. 학원은 국어, 영어, 태권도, 피아노 이렇게 다니고요. 여기저기서 언어는 일찍 시작해야 한다더라고요."

"정말요? 전 몰랐네요. 5세인데 벌써 학원에 많이 다니나요?"

"5세 반 아이들이 얼마나 많은데요. 학원 루트 짜서 같이 다니는 엄마들도 많아요. 내년부터는 수학도 같이 보낼 생각이에요."

"저희 아이가 빠른 줄 알았는데 그게 아니었나 봐요. 혹시 학원에 빈자리는 있나요? 저도 좀 알아보려고요."

"태권도랑 피아노는 있을 거 같은데 국어랑 영어 학원에 빈자리가 있는지는 잘 모르겠어요. 워낙 저희 아이가 다니는 학원 선생님께서 인기가 많으셔서요."

"제가 너무 몰랐나 봐요. 혹시 학원 전화번호 한 번만 알려주시면 안 될까요?"

5살인데 벌써 한글을 쓸 줄 아는 아이가 대견해 이야기를 꺼냈다가 이미 4~5개 학원에 보내는 다른 학부모 이야기를 듣고 조급함을 느끼게 되는 한 학부모님의 상황을 대화로 재현해 보았습니다. 평소 이러한 대화가 현실에서 얼마나 자주 이루어질 거 같으신가요? 궁금하시다면 아이들이 유치원에 가고 난 오전이나 점심시간에 근처 카페에 한번 방문해 보시길 권합니다. 아마도 많은 학부모님께서 이른 시간부터 삼삼오오 모여 자녀의 교육에 관해 이야기하시는 광경을 금세 목격하실 수 있을 것입니다.

처음에 아이들은 자기가 한글을 잘 이해하거나 영어를 잘 알아듣고 있는지 깨닫지 못합니다. 숫자 계산을 왜 알아야 하는지 잘 이해하지 못합니다. 태권도 발차기를 잘하고 있는지, 줄넘기를 뛰어나게 하는지 알지 못합니다. 하지만 학원에서 여러 가지를 배우게 되면서 점차 자기가 뭘 잘하는지 깨닫기 시작합니다.

"영어 발음이 정말 좋아요. 정확히 발음하는 방법을 터득한 것 같아요."

"아이가 더하기 잘하는 거 알고 계셨어요? 다른 아이들보다 훨씬 뛰어나요."

"뭘 하나 알려주면 질문을 정말 많이 해요. 지적 호기심이 정말 뛰어난 아이예요."

학부모님께서 가장 좋아하시는 말들입니다. 학습적으로 남들보다 뛰어나다는 칭찬을 들었는데 그 학원을 금세 끊어 버리는 학부모님은 드뭅니다. 오히려 아이가 더 빨리 뛰어난 학업적 성취를 이룰 수 있도록 더 많은 사교육 비용과 시간을 투자합니다. 이처럼 아이들은 자연스럽게 칭찬받는 분야의 내용을 더 배우고 공부하게 됩니다.

만약 아이가 정말 어릴 때부터 집에서 부모님과 영어로만 대화하고 집에 영어책이 여기저기 비치되어 있으며 영어로 된 방송만 본다면 어떨까요? 파닉스는 기본이고 어릴 때부터 어학원에 꾸준히 다니며 영어가 온전히 몸에 밸 수 있도록 최선을 다했다면 어떨까요? 당연히 이 아이는 영어를 월등히 잘할 겁니다. 시간이 지날수록 다른 아이들과 격차도 계속 벌어질 겁니다. 하지만 이러한 결과는 아이가 영어를 좋아해서 잘하게 된 것이 아닙니다. 학습 환경에 의해 영어 교육을 어릴 때부터 꾸준히 받았고 그 결과 매우 잘하게 되었으며 그로 인해 좋아하게 된 것입니다.

책을 좋아하는 부모에게서 자란 아이들이 책 읽기를 좋아하고 운동을 좋아하는 부모에게서 자란 아이들이 운동을 좋아하는 이유도 이런 학습 환경의 직접적인 영향 때문입니다. 이러한 현상은 중학교 때까지 이어집니다. 중학교 때까지는 학교에서 보는 시험이 있다고 할지라도 주어진 과제를 충실히 하고 시험 전 며칠이라도 집중해서 공부하면 좋은 점수를 받을 수 있기 때문입니다.

초등학교부터 고등학교까지 점차 학년이 올라갈수록 아이가 학습적으로 배우는 내용은 점점 더 많아집니다. 하지만 부모님께서도 하시는 일이 있고 바쁘시기에 아이 곁에만 있을 수는 없습니다. 전적으로 아이를 보조하기 점점 버거워지는 것입니다. 학교가 모든 학습적인 부분을 책임지면 좋겠지만 학교는 공교육 기관이기에 선행학습을 권장하지 않습니다. 아이가 고등학교에 입학한 후 갑자기 공부를 못해 낙오하면 안 되기에 결국 사교육비에 점점 더 큰돈을 지출하게 됩니다. 대한민국에서 고등학생 학부모로 살기 참 어려운 이유입니다.

2021년 기준 사교육 총액이 약 23조 4천억 원입니다. 초등학교가 10.5억 원, 중학교가 6.3억 원, 고등학교가 6.5억 원이며, 사교육에 참여하는 학생의 1인당 월평균 사교육비가 초등학교 6학년 44만 5천 원, 중학교 3학년 57만 2천 원, 고등학교 1학년 65만 5천 원입니다.[26] 가정 경제에 부담이 되는 금액일 수밖에 없습니다.

문제는 학교뿐만 아니라 학원 또한 아이의 특성을 제대로 이해하고 맞춤형 교육을 유지하기 힘들다는 것입니다. 학원에 오랫동안 다닌 학생은 수동적으로 학습하는 경향이 강합니다. 학원에서 내주는 숙제를 하고 나면 오늘 할 공부를 다 했다고 생각하는 아이들이 많으며 학원에 가지 않는 날은 놀아도 된다고 생각합니다. 즉, 학원에 오래 다닌 학생들에게 공부란 학원 숙제입니다. 스스로 무언가를 더 해야 한다는 사실을 인지하고는 있지만 어떤 걸 해야 할지 잘 모르기 때문입니다.

또한, 학원에서 주는 숙제만 해도 꽤 많기에 이 정도만 해도 충분히며 숙제가 없는 날은 공부하지 않아도 된다고 생각합니다. 학원 숙제가 많은 날은 민감하게 반응하며 학교 숙제는 생활기록부에 기록되거나 평가에 반영되는 경우에만 민감하게 반응합니다.

교직 생활 초기에는 공부를 잘하는 학생들이 학원도 많이 다닐 거로

---

26) 통계청 국가발전지표-교육-교육기회, "학생 1인당 사교육비", (2022.03.11.)

예상했습니다. 하지만 상담을 오래 하면 할수록 스스로 학습 능력이 우수하다고 느끼면서 동시에 학원이 더 이상 특별한 무언가를 제공하지 않는다고 생각한 학생들이 오히려 학원을 끊어도 되는지 물어봤습니다.

반대로 학원 수업이 맞지 않거나 숙제를 못 할 정도로 진도를 따라가지 못하는 학생들일수록 성적 하락의 원인이 공부를 못하는 자신에게 있다고 여기고는 학원을 과감히 끊거나 옮기지 못했습니다. 잘 알아듣지 못하는 자기 모습을 별다른 저항 없이 받아들인 것입니다. 특히, 학교와 학원 모든 곳에서 시험 성적이 좋지 못한 학생들이 어차피 다른 학원에 가도 비슷할 거란 생각으로 같은 학원에 오랜 기간 다니는 경향을 보였습니다. 어딜 가도 잘하지 못하니 체념하고 있었던 것입니다.

16년간 관찰자의 입장에 서서 학원에 다니는 학생들을 바라보니 다음과 같은 결론을 얻을 수 있었습니다.

학습 능력이 좋으면서도 자기주도학습 능력이 뛰어난 학생은 학원 또한 자기 성향에 따라 선택하고 활용하고자 노력했습니다. 또한, 학원이란 그냥 다녀야 해서 다니는 곳이 아니라 현재 부족한 과목 공부를 위해 필요할 때 선택해 활용하는 곳이라 생각했습니다. 다만, 학습 능력이 좋은 주도적인 학생이라 할지라도 계속 상위권을 유지할 수 있을지에 대한 불안감은 남아 있었으며 남학생보다 여학생의 불안감이 평균적으로 더 컸습니다. 또한, 대체로 플래너를 활용하는 학생이 많았으며 지금 듣는 학원 강의보다 더 좋은 현장 강의나 인터넷 강의가 있는지 꾸준히 알아보고 탐색하려는 경향이 강했습니다.

학습 능력이 좋으나 자기주도학습 능력이 떨어지는 학생은 학원에 의존하려는 경향이 강했습니다. 스스로 공부하려고 하지 않을 뿐 대체로 성실하게 학원 숙제를 모두 해내고자 노력했으며 과목별로 다수의 학원에 다니는 경우가 많았습니다. 다만, 학원에 가지 않는 날이나 재량 휴업일, 시험이 끝난 날에는 플래너에 작성했던 공부 계획을 지키지 않고 회피하려는 경향을 보였습니다. 또한, 학원에서 숙제를 내주지 않은 날은 공부를 평소보다 덜해도 괜찮다고 생각했습니다.

학습 능력이 좋지 않으나 자기주도학습 능력이 좋은 학생은 학원에 많이 다니고 의존하는 학생보다 불안감이 컸습니다. 학원에 다니는 친구에 비해 학습에 대한 정보나 문제 풀이 기술이 부족하다고 느꼈으며 내용을 이해하고 문제를 풀이하는 데 있어서 '시간을 많이 쓴다.', '공부 시간에 비해 성적이 잘 오르지 않는다.'라고 생각했습니다. 다만, 자기 공부 습관이 학원과 맞지 않는다는 생각이 확고해 현재 성적이 낮더라도 학원보다 독서실에 다니며 스스로 공부하는 습관을 유지하고자 했습니다.

학습 능력도 좋지 않고 자기주도학습 능력도 좋지 않은 학생은 공부에 있어서 체념하는 모습을 주로 보였습니다. 시험 성적이 잘 나오지 않는데도 학원을 그만두려고 하지 않았으며 옮겨야 할 필요성도 잘 느끼지 못했습니다. 열심히 하고 있지 않으니 성적이 낮은 건 당연하다며 자책하는 학생도 많았습니다. 앞으로 나아져야 한다는 의견에 대해서는 공감했지만 '어떻게 해야 지금보다 더 열심히 공부할 수 있을까?'라는 질문에는 답변하지 못했습니다.

	자기주도학습 능력 ↑	자기주도학습 능력 ↓
학습 능력 ↑	○ 필요한 자료를 직접 탐색, 선택함 ○ 스스로 공부하는 시간이 많음 ○ 플래너를 활용해 계획, 실천함	○ 학원에 의존하려는 경향이 강함 ○ 다수 학원 수강, 대체로 성실함 ○ 학원 숙제가 없으면 공부 안 함
학습 능력 ↓	○ 열심히 노력하나 불안감을 느낌 ○ 공부할 때 시간이 오래 걸림 ○ 스스로 공부하는 습관을 유지함	○ 체념하는 모습을 주로 보임 ○ 변화하려고 노력하지 않음 ○ 앞으로 어떻게 할지 알지 못함

학교도 학생을 가르치는 곳이고 학원도 학생을 가르치는 곳입니다. 학교에서 잘 배우지 못했다면 학원에 다니며 부족했던 학습량을 보충하거나 미리 배울 내용을 예습하는 것도 좋은 방법입니다. 하지만 학원에 다니는 기간이 길어질수록 친절한 학원에 의존하게 되는 건 분명해 보였습니다.

같은 학원에 오랜 기간 다닌 학생들은 학원에서 주는 자료만 봐도 성적이 잘 나오기에 다른 자료를 더 찾으려고 하지 않고 수동적인 학습을 계속했습니다. 학원에서 배운 내용이 학교 시험에 나오지 않으면 많이 당혹스러워했습니다. 학원 선생님께 주로 조언을 구했으며 성적 향상을 위해 전보다 더 많은 강의와 숙제에 시간을 쏟았습니다. 하지만 학원 강의와 숙제에 대부분 시간을 쓰다 보니 정작 학생 스스로 내면화할 시간은 확보하지 못했습니다. 결국 꽤 오랜 시간이 지난 뒤에야 학원에 계속 다녀도 성적이 더 이상 좋아지지 않는다는 걸 깨달았지만 별다른 해결책을 찾지 못했습니다. 또한, 성적이 안 오를 것으로 단정 지으며 공부라는 주제 자체에 흥미를 잃고 말았습니다.

따라서 지금부터라도 언제까지 사교육에 의존할 것인지 진지하게 고민해야 합니다. 강의는 학생이 스스로 선택하고 스스로 활용하는 것입니다. 유명 강사의 강의 하나를 듣는다고 해서 누구나 '+4점'이라는 아이템을 획득할 수 있는 게 아닙니다. 강의를 자기 힘으로 이해하고 내면화할 시간이 필요하기 때문입니다.

꾸준히 자기주도학습을 이어 나가기 위해서는 자기 학습법에 대한 강한 확신이 필요합니다. 내 성공은 나 스스로 만들어 나가는 것이며, 타인의 말에 휘둘려 사교육에 의존하면 불안감은 내 곁을 절대 떠나지 않습니다. 고등학교에서의 3년은 생각보다 빨리 지나갑니다. 누구에게나 시간은 똑같이 주어진다는 사실을 명심하고 불안감을 당당하게 극복하시길 바랍니다.

3) To Be List를 작성하고 실천하라

앞에서 코로나 이후 원격 수업 보편화로 인한 학습 환경 변화와 사교육 시장에 의존하는 아이들의 태도를 살펴보았습니다. 이런 상황에서 아이들에게 가장 필요한 능력이 무엇일까요? 바로 스스로 학습할 수 있는 능력을 뜻하는 자기주도학습 능력입니다.

교실에 30명이 있다면 이 30명의 아이는 저마다 다른 특성과 장점을 보입니다. 친구 관계가 좋은 아이, 집중력이 좋은 아이, 축구나 농구 같은 구기 종목에 관심이 많은 아이, 외국어 습득 능력이 뛰어난 아이, 창의적으로 생각하는 능력이 좋은 아이 등 저마다 각기 다른 재능을 보이는 아이들이 교실에 삼삼오오 모여 있습니다. 이 아이들이 만약 체육 시간에 축구를 한다면 그중에서 구기 종목에 관심이 많은 아이가 가장 적극적으로 체육 수업에 참여할 것입니다. 하지만 외국어 습득 능력은 좋지만 구기 종목에 관심이 없는 아이라면 축구에 큰 흥미를 보이지 않을 것입니다.

이처럼 아이들은 보통 관심 있는 과목 수업을 들을 때는 의욕을 보이지만 그렇지 않은 과목에 대해서는 크게 의욕을 보이지 않습니다. 사실

한 아이가 학교에서 가르치는 모든 과목에 순수한 흥미를 갖기란 거의 불가능합니다. 우리가 평소 접하는 모든 것에 관해 관심을 가질 수 없는 것처럼 아이들도 마찬가지입니다. 다만, 어른들과 고등학생의 다른 점이 한 가지 있습니다. 아이들은 소위 말하는 명문 대학에 입학하기 위해 학교에서 배우는 모든 과목에 있어서 상위 4%에 해당하는 1등급이라는 매우 우수한 성적을 많이 받기 위해 노력해야 한다는 것입니다.

고등학생이 되면 중학생 때와 달리 과목마다 배워야 할 내용이 많아지고 어려워지며 해야 할 과제도 많아집니다. 아무리 바빠도 수행평가 성적이 생활기록부에 반영되다 보니 과목마다 한 학기에 몇 번씩 실시하는 수행평가 성적도 빠짐없이 좋아야 합니다. 그런데 첫 학기 중간고사 시험을 보고 나면 아이들은 생각보다 성적이 잘 나오지 않는다는 걸 깨닫게 됩니다. 중간고사 시험이 끝나면 수행평가가 있고 수행평가를 보고 나면 또 기말고사를 봐야 하는데 과연 중간고사 시험을 잘 보지 못한 아이가 나머지 시험을 모두 잘 준비할 수 있을까요? 쉽지 않습니다. 다음 시험과 과제를 준비해야 하지만 만족스럽지 않은 성적으로 인해 계속하고 싶은 마음이 사라지기 때문입니다. 몸과 마음이 모두 힘들어질 수밖에 없습니다.

따라서 이럴수록 '나는 지금 왜 공부해야 하는가?'라는 질문을 아이 스스로 던지고 답을 찾을 수 있어야 합니다. 수많은 직장인이 '오늘까지 끝내야 할 일이 뭐지?'에 대한 To Do List는 떠올리지만 '내가 왜 이 일을 하는 거지?'에 대한 To Be List는 잘 떠올리지 못합니다. 아이들도 마찬가지입니다. '오늘 숙제가 뭐지?'에 대한 생각은 많이 하지만 '내가 왜 공부해야 하는가?'에 대한 생각은 잘 하지 못합니다.

직장인이 열정 페이를 원하는 회사 때문에 힘들어하듯이 아이들도 그저 열심히 하라고만 말하는 주변 사람들의 시선과 잔소리 때문에 힘들어합니다. 주변 사람들의 따뜻하고 진심 어린 관심이 꼭 필요한 이유입니다. '이 숙제를 언제 다 하지?'라고 생각하면 할수록 공부는 점점 더 힘들어집니다. 숙제가 주어지는 이유와 구조 자체를 이해하지 못하기 때문입니다.

수학Ⅱ의 부정적분과 정적분을 공부하는 한 학생의 상황을 가정해보겠습니다. 만약 학교 수업에서 부정적분과 정적분을 배우기로 한 학생이 수업에 들어가기 전에 미리 두 이론의 역사적 배경을 조사한 뒤 뉴턴과 라이프니츠가 바라보는 부정적분과 정적분의 개념부터 미분과의 관련성까지 모든 내용을 스스로 정리했다면 어떨까요? 또한, 수업이 끝나고 자기가 정리한 내용과 선생님께서 수업하신 내용을 종합해 통합적으로 이해한 뒤 수업 시간에 풀이한 문제의 출제 의도까지 파악해 자기 생각이 맞는지 선생님께 질문하러 왔다면 어떨 거 같으신가요? 찾아온 학생에게 쓸데없는 질문 말고 수행평가 숙제나 하라며 돌려보냈을 것 같으신가요? 아마 저라면 이 학생이 언제부터 이렇게 공부했는지, 공부할 때 중

점적으로 생각하는 게 무엇인지 질문한 뒤 이를 생활기록부 세부능력 및 특기사항에 최대한 자세히 써주고자 최선의 노력을 다했을 것입니다.

이렇게 열정적으로 공부하는 학생의 성적은 절대 낮을 수가 없습니다. 매번 열심히 준비하고 노력하는 행동을 반복할수록 점차 학습의 전반적인 체계나 구성에 관해 깨닫게 되며 왜 이런 문제가 출제되는지, 각 문제가 요구하는 학습 능력이 무엇인지에 대해서 스스로 깨달을 수 있습니다. 정말 재밌어서 수업을 듣고 스스로 탐구하는 경지까지 이르게 되는 것입니다. 이처럼 자기주도학습을 통한 학습적 깨달음을 얻고 나면 최상위 학습 수준으로 발돋움하는 건 단지 시간문제일 뿐입니다. 이처럼 최상위권 학생이 되기 위한 학교 내신 성적과 생활기록부 관리라는 건 누군가에 의해 만들어지는 게 아니라 학생 스스로 만들어 나가는 것입니다.

'요즘 저런 아이가 어딨어요?'라며 반문하실 수도 있습니다. 하지만 세상에는 다양한 아이가 있고 그 다양한 아이 중 정말 열심히 주도적으로 공부하는 아이 또한 있기 마련입니다. 자기주도적 학습 습관을 지닌 이이들의 수보다 그렇지 않은 아이들의 수가 더 많은 것뿐입니다. 그러니 포기만 하지 않으면 됩니다. '내 아이는 이제 끝났어. 안 될 거야.'라고 생각하시지 말고 뭐가 문제였는지 함께 고민하며 아이 이야기를 경청하고 개선해 주시면 됩니다.

끝까지 포기하지 않을 환경만 조성하면 지금도 2~3개월 안에 급격한 성적 상승을 이룰 만한 아이들이 정말 많습니다. 공부를 못하고 싶은 아이는 아무도 없기 때문입니다. 나아질 방법을 모를 뿐이니 아이들 개개인에게 정확하게 적용할 수 있는 공부법을 찾아 알려주시고 스스로 이겨낼 수 있도록 도와주시기만 하면 됩니다.

최상위권 학생으로 발돋움하기 위해서는 To Do List와 To Be List가 모두 필요합니다. To Do List는 할 일을 적는 목록으로서 학생들이 쓰는 플래너로 이해하시면 됩니다. 오늘 꼭 해야 하는 공부량을 구체적으로 작성한 플래너가 To Do List에 해당합니다.

To Be List는 할 일을 적는 목록이 아니라 되고 싶은 걸 적는 목록입니다. 즉, 내가 원하는 모습을 작성하는 것입니다. 처음 학생들에게 To Be List가 무엇인지 알려주고 작성해 보기를 권하면 다음과 같이 작성하고 실천하기 시작합니다.

번호	여러 가지 내 모습	바라는 내 모습	목표	월	화	수	목	금
				달성 여부	달성 여부	달성 여부	달성 여부	달성 여부
1	나다운 나	날 사랑하는 나	나를 사랑하기					
		널 사랑하는 나	친구에게 잘 해주기					
		성공하는 나	성공할 수 있다고 다짐하기					
2	열심히 공부하는 나	철실한 마음	열심히 하기로 다짐하기					
		미루지 않기	플래너 계획 모두 끝내기					
		졸지 않기	조는 시간 없애기					
3	건강한 나	운동하는 나	매일 30분씩 운동하기					
		밥 잘 먹는 나	끼니 거르지 않기					

To Be List에서는 플래너와 달리 되고 싶은 내 모습을 떠올려야 합니다. 따라서 어떤 모습을 바라는지 먼저 찾아야 합니다. 첫 목표는 되도록 쉽게 이룰 수 있는 모습을 작성하는 게 좋습니다. 너무 어렵게 시작하면 성취감을 느끼지 못해 오랫동안 지속하기 힘들기 때문입니다.

To Be List 작성 초반에는 앞으로 나 자신에게 바라는 모습 위주의 추상적 목표를 세우곤 합니다. 하지만 To Be List를 오래 작성하면 할수록 원하는 내 모습을 좀 더 선명하고 분명하게 제시할 수 있게 됩니다. 또한, 일과에 따라 원하는 내 모습을 떠올리며 전보다 구체적으로 작성할 수 있게 됩니다.

오랜 기간 꾸준히 작성한 최상위권 학생의 To Be List는 다음과 같습니다.

To Be List Project! Routine, 실천, 꾸준함: 나는 할 수 있다! 꼭 해낼 거야!						월 11월 27일		화 11월 28일		수 11월 29일		목 11월 30일		금 12월 01일		달성 여부 (더 하고픈 말) (달성률90%)
번호	시간	내 모습	지킬 사항	횟수	통제 가능한 목표	달성 내용	결과	달성 내용	결과	달성 내용	결과	달성 내용	결과	달성 내용	결과	
1	아침	날 사랑하는 나	나 사랑하기	매일	나를 사랑한다 말하기	사랑해! :)	O	사랑해! :)	O	사랑해! :)	O	사랑해! :)	O	사랑해!	O	해냈다!
2	아침	성공하는 나	성공 다짐	매일	성공할 수 있다고 다짐하기	성공할 수 있어! :)	O	성공할 수 있어! :)	O	성공할 수 있어! :)	O	성공할 수 있어! :)	O	성공할 수 있어! :)	O	해냈다!
3	오전	널 사랑하는 나	너 사랑하기	주 3	친구에게 사랑한다 말하기	사랑해! :)	O	사랑해! :)	O			사랑해! :)	O			해냈다!
4	오전	성장하는 나	절실한 마음	주 4	열심히 공부하기	스스로 아쉬웠다	X	열심히 했다!	O	열심히 했다!	O	열심히 했다!	O	열심히 했다!	O	해냈다!
5	오후	건강한 나	영양제 섭취	주 3	영양제 섭취	크릴오일, 비타민!	O	홍삼, 비타민	O	크릴오일, 비타민	O	홍삼, 비타민	O	크릴오일, 비타민	O	해냈다!
6	오후	성장하는 나	절실한 마음	주 4	열심히 공부하기	열심히 했다!	O	열심히 했다!	O	열심히 했다!	O	스스로 아쉬웠다	X	스스로 아쉬웠다	X	하루 부족
7	저녁	건강한 나	운동	주 2	30분 이상 운동하기			걷기 운동 30분!	O					걷기 운동 1시간!	O	해냈다!
8	저녁	성장하는 나	절실한 마음	주 4	열심히 공부하기	열심히 했다!	O	스스로 아쉬웠다	X	열심히 했다!	O	열심히 했다!	O	열심히 했다	O	해냈다!
9	밤	날 사랑하는 나	나를 위한 시간	매일	하루 마무리, 정리하기	수고했어 :) 토닥♡	O	수고했어 :) 토닥♡	O	수고했어 :) 토닥♡	O	수고했어 :) 토닥♡	O	수고했어 :) 토닥♡	O	해냈다!
10	종일	성공하는 나	전자기기 금지	주 4	전자기기 사용 30분 미만	전자기기 0시간!	O	전자기기 0시간!	O	인터넷강의 1시간!	X	전자기기 0시간!	O	전자기기 0시간!	O	해냈다!
-	종일	To Be List	나는 해냈다!	매일	I Did It !	계획했던 공부 대부분 끝냈다! I Did It!	TO BE	오늘도 날 위해 최선 다했다! I Did It!	TO BE	강의만 듣고 전자기기 더 안 썼다! I Did It!	TO BE	힘들었지만 최선 다했어 엄마가 꼭 안아주셨다! I Did It!	TO BE	1시간 걷기 운동을 했다! 머리가 맑아졌다. I Did It!	TO BE	이번주도 해냈다! 잘했다 :)
-	종일	Feeling Note	나는 느낀다!	매일	I Feel !	엄마가 칭찬을 많이 해줬다. 아, 행복해! To Be List 진짜 좋다!	FEEL	공부방법을 친구가 물어서 To Be List 추천해줬다 :) 인정받아 좋다!	FEEL	전자기기에 자유로워 너무 좋다! 자랑스럽다 :)	FEEL	무한신뢰 가족, 착한 친구들, 최고의 담임 쌤 모두 사랑해요 :)	FEEL	잘하고 있다! 나아지고 있다! 힘내자!	FEEL	이번주도 행복하다! 잘했다 :)

예시의 원본에는 월요일부터 일요일까지 17개 항목이 자세하게 작성되어 있었으나 지면에 모두 싣기 어려워 보기 쉽게 축소하였습니다. '최상위 성적을 받을 수밖에 없구나.'라고 감탄할 만큼 실제 최상위 학생의 To Be List는 이보다 훨씬 상세하고 꼼꼼하게 기록되어 있습니다.

위와 같이 To Be List를 꾸준히 작성하는 최상위권 학생들의 공통점이 있습니다. 바로 만족도가 정말 높다는 점입니다. 플래너만 썼을 때 오르지 않던 성적이 To Be List 작성 이후 급속도로 오른 학생도 있었습니다. To Be List가 어떻게 급격한 성적 상승에 도움을 준 걸까요? 이유는 간단합니다. To Be List를 꾸준히 작성함으로써 원하는 모습을 기록하며 구체적으로 떠올리고 이루기 위해 실천했으며 그 결과물을 통해 성취감을 얻었기 때문입니다.

자기주도학습은 해도 되고 안 해도 되는 공부 방법이 아닙니다. 학생이 꾸준히 공부하기 위해 꼭 필요하며 대다수 학생에게 적용할 수 있는 유용한 학습 전략입니다. 대체 어떤 아이들이 최상위 성적을 받아 의대에 입학하는지 궁금하신가요? 바로 자기가 왜 공부하는지 명확하게 알고 있으며 어떻게 해야 성적을 올릴 수 있는지 분명하게 이해하고 있는 학생입니다. 현재 자기가 부족한 부분이 어떤 부분인지 정확히 알고 있으며 누군가가 시키는 공부가 아닌 자기가 원하는 공부를 실천하는 학생입니다. 한마디로 학습에 대한 자기주도권을 쥐고 있는 학생입니다. 계획한 목표를 모두 달성하기 위해 To Do List와 To Be List 모두를 자유자

재로 활용할 줄 아는 학생입니다.

자기 자신에 대한 믿음과 공부에 대한 열정 없이 스스로 공부하지 않고 남에게 의지하는 학생은 결국 정서적으로 무너지고 맙니다. 만약 자녀가 최상위권 성적을 받아 의대에 입학하기를 원하신다면 플래너를 통한 자기 통제 능력과 자기주도학습 능력부터 필수적으로 지닐 수 있도록 적극적으로 도와주셔야 합니다.

성적 상승을
확신하고
행동하라

—

꼭 성적을 올리고 싶나요?

그렇다면 성적을 올릴 수 있는 필승 전략을 세우고

그 전략에 따라 끊임없이 실천하고 노력해야 합니다.

1) 성적이 오르지 않는 이유를 찾아라

하루 4시간 이상 꾸준히 공부하고 플래너를 씁니다.

수업 시간에 졸지 않고 예습과 복습을 꾸준히 합니다.

모르는 내용은 틈틈이 인터넷 강의를 들으며 이해합니다.

책상 위에는 온갖 수학 문제집들이 수북이 쌓여 있습니다.

매일 정신없이 공부에만 몰두해 주변 친구들이 부러워합니다.

주말 내내 학원에 다니느라 휴대전화조차 볼 시간이 없습니다.

이렇게까지 공부하는데 성적이 안 오르는 학생들이 있습니다. 심지어 이런 학생이 한두 명이 아닙니다. 특정 시기나 특정 지역, 특정 학교 학생만의 고민이 아닙니다. 전국에 있는 상당수 학생의 고민입니다. 정말 열심히 공부하는데도 성적이 오르지 않을 때 학부모님도 너무 답답하시겠지만 사실 가장 답답한 건 학생 자신입니다. 1년 내내 주변 친구들이 인정할 정도로 정말 열심히 공부했는데도 불구하고 또 떨어진 성적을 보고는 망연자실해 자기는 공부와 맞지 않는다며 갑자기 공부를 놓는 학생도 있습니다.

대체 성적이 오르지 않는 이유가 무엇일까요?

"저 정말 열심히 공부하는데 요즘 성적이 잘 나오지 않아요. 너무 답답하고 우울해요. 중학교 때까지는 노력한 만큼 성적이 잘 나와서 제가 잘하고 있다고 생각했어요. 그런데 요즘은 그렇지 않아요."

"주로 어떻게 공부하는 편이니?"

"친구들이 가장 많이 듣는다는 인터넷 강의를 많이 들어요. 주말에는 학원에 가고요. 혼자 복습하는 시간도 많이 가지려고 노력해요."

"어떨 때 가장 속상하다고 느끼니?"

"얼마 전 수학 시험에서 주말마다 놀러 다닌 학원 친구보다 낮은 성적을 받았을 때 너무 속상했어요. 맨날 태블릿으로 아이돌 영상만 보는 친구도 저보다 두 등급이나 높은 성적을 받았더라고요. 속상해서 잠도 안 왔죠."

정말 공부와 맞지 않는 학생일 수도 있고 내용 이해에 시간을 많이 써야 하는 학생일 수도 있습니다. 지금껏 예습과 복습을 너무 안 해서 고등학교에 올라와 고생하는 것일 수도 있습니다. 하지만 성적이 오르지 않는 이유 중 가장 높은 비율을 차지하는 이유는 따로 있습니다.

"선생님, 저 수학 성적이 너무 안 나와요. 상담받고 싶어요."

"최근에 어떤 교재를 주로 보는지, 어떻게 공부했는지 알 수 있을까?"

"과목별로 기출 문제집을 3번 이상 풀었어요. 어려운 A 문제집 아시죠? 그것도 2번 이상 풀었어요. 학원 숙제 내주시는 문제집도 끝까지 다 풀었고요. 얼마 전에 인터넷 강의에 포함된 교재까지 다 풀었어요."

혹시 이 대화를 통해 성적이 오르지 않는 이유를 바로 찾으셨는지 궁금합니다. '이렇게까지 열심히 하는데 성적이 안 오르는 이유가 있다고?' 라며 의아해하실 것 같아 학생과의 대화를 좀 더 살펴보겠습니다.

"문제집을 정말 많이 푸는구나. 문제집에서 틀린 문제를 만났을 때 어떻게 하는 편이니?"

"왜 틀렸는지 꼭 확인하죠. 답지를 보고 틀린 제 풀이를 확인해요. 그리고 틀린 풀이와 제대로 된 풀이를 비교해요. 비교가 끝나면 제대로 된 풀이를 다시 써보면서 다음에는 틀리지 않으려고 노력해요."

"문제집을 풀고 또 어떤 공부를 하니?"

"학원 수업 듣고 인터넷 강의를 들어요. 그리고 다른 문제집을 또 풀어요. 이렇게만 해도 시간이 모자라기든요."

이제 이 학생의 성적이 오르지 않은 이유를 찾으셨나요? '답지를 보지 않아야 했던 걸까?' 생각하셨을 수도 있습니다. 수학 공부에 대한 각종 조언을 보면 답지를 안 보려고 노력해야 하고 안 풀리는 문제는 끝까지 혼자 해보려고 노력해야 한다는 의견이 꽤 많기 때문입니다. 하지만 이런 조언은 고학년이 아닌 고1까지의 학생에게만 할 수 있는 조언입니다. 가뜩이나 해야 할 공부량이 많아 시간이 부족한 고2와 고3 학생에게는 답지를 보지 말라는 조언의 설득력이 떨어질 수밖에 없습니다.

아직 이유를 찾지 못하셨다면 마지막 대화를 살펴보겠습니다.

"선생님은 성적이 왜 떨어지는지 알 것 같아."

"정말요? 하지만 지금까지 왜 떨어지는지 알려주신 분은 아무도 없었는걸요."

"내가 정확히 알려줄게. 혹시 가방에 수학 문제집 있으면 하나만 보여주겠니?"

"잠시만요 선생님. 여기 있어요."

"여기 틀린 717번 문제 말이야. 어떤 내용을 알고 있는지 물어본 문제일까?"

"잠시만요. 미분 같아요."

"그보다 조금 더 자세하게 말해보자. 미분의 어느 개념을 아는지 물어본 문제일까?"

"미분의 어느 개념요? 기울기인가? 미분계수인가? 잠시만요."

"미분계수 얘기가 나와서 말인데. 미분계수 개념과 도함수 개념의 차이가 뭘까?"

"공식이 달라요. 미분계수는 공식이 두 개이고 도함수는 한 개예요."

"왜 미분계수 공식은 두 개이고 도함수 공식은 한 개지?"

"잘 몰라요. 솔직히 그냥 외웠어요. 외워도 잘 풀리던걸요."

이제 이 학생의 특징을 알아차리셨나요? 내용 공부는 거의 하지 않고 문제 풀이에만 집중하는 학습 습관은 고1 때까지 큰 문제점을 보이지 않습니다. 하지만 점점 더 어려워지는 개념을 이해해야 하고 그 개념을 주어진 문제에 바로 적용해야 하는 고2 때부터 그 한계를 드러내기 시작합니다.

개념을 빠르게 이해한 뒤 바로 관련 문제를 풀이함

↓

다수의 문제집 풀이에만 집중함 어려운 문제 위주로 풀이 방법을 익힘 왜 그런지 생각하기보다 풀이 과정 전체를 암기함

↓

공부량이 많으며 공부에 긴 시간을 투자함 문제집에 있는 대부분 문제의 풀이 과정을 알고 있음 보는 문제마다 어디서 많이 봤다는 느낌을 받음

↓

지필평가, 모의고사와 같은 시험만 보면 낮은 성적을 받음 긴장해서 그런 거로 생각하고 더 많은 문제 풀이에 집중함 악순환이 반복되며 왜 성적이 낮은지 알지 못함

이 악순환에서 알 수 있듯이 개념을 정확히 이해하지 못한 채 문제 풀이에만 집중하면 시험에 평소 보지 못한 문제가 나왔을 때 거의 대처하지 못하고 낮은 성적을 받게 됩니다. 수학을 공부한 게 아니라 문제 풀이 기술만 익히고 있었다는 뜻입니다.

이처럼 정말 열심히 공부하는데 성적이 오르지 않는 학생은 대부분 다음 네 가지 중 하나 이상의 공부 습관을 갖고 있습니다.

1. 문제집만 열심히 푼다.
2. 공식은 모두 암기한다.
3. 문제 풀이 기술만 습득한다.
4. 개념을 익히는 공부만 하고 문제집을 풀지 않는다.

학교에서 배우는 대다수 과목에서 높은 성적을 받기 위해서는 주어진 개념을 먼저 정확히 이해한 뒤 문제집을 풀며 자기가 이해한 부분을 확인하고 적용할 수 있어야 합니다. 그런데 단기간에 성적을 올리기 위해 인터넷 강의만 빠르게 보고 문제집 풀이에 집중하다 보니 공부에 들인 시간에 비해 성적을 올리지 못하는 것입니다. 만약 학생이 못하는 과목이 수학이라면 더더욱 그렇습니다.

개념 공부를 정확히 하지 않은 상태에서 인터넷 강의를 듣고 문제집만 푸는 학생은 수영을 잘하기 위해 유튜브 영상을 보고는 무작정 물에 뛰어들어 영상과 똑같은 동작 연습만 계속하는 사람과 같습니다. 많은 사람과 친해지겠다고 친해지기 기술 관련 책만 읽고서 주변 사람에게 쉴 새 없이 말부터 거는 사람과 같습니다. 물론 전보다 수영 실력이 늘고 주변 사람과도 어느 정도 친해질 수 있을 것입니다. 하지만 이렇게 해서는 아무리 연습한다 해도 평균 정도의 수준을 넘을 수 없습니다. 더 발전하기 위해서는 수영 영법과 호흡법, 주변 사람을 진심으로 이해하고 공감할 줄 아는 능력부터 제대로 공부하고 스스로 힘으로 터득할 줄 알아야 합니다. 잘하기 위한 기술이 아닌 본질에 먼저 집중할 수 있어야 한다는 뜻입니다.

혹시 노력에 비해 성적이 잘 나오지 않나요? 그렇다면 혹시 문제집만 잔뜩 사서 풀고 있는지부터 먼저 확인하셔야 합니다. 스스로 터득하려는 노력 없이 학원에서 주는 숙제만 끝내려고 하지는 않는지 떠올리셔야 합니다. 노력에 비해 성적이 나오지 않는 학생들은 자기도 모르게 문제를 해결하는 풀이 과정을 단순히 외우고 있거나 문제 풀이 기술만 익히고 있을 확률이 높습니다. 그리고 이 기간이 길어지게 되면 미리 풀어보지 않은 문제 유형이 출제되었을 때 아무 대응도 하지 못한 채 모두 틀릴 가능성이 큽니다.

따라서 배우는 내용의 본질을 먼저 정확히 익히고 난 뒤에 이를 적용할 수 있는 문제를 풀이해야 합니다. 또한, 개념과 문제 풀이를 상시 연계해서 공부해야 합니다. 다행히 이러한 문제점은 뒤에서 자세히 언급할 과목별 내용 노트 작성 활동을 통해 단기간 내에 극복할 수 있습니다.

2) 처음부터 끝까지 끈기 있게 공부하라

학생들의 플래너를 볼 때 가장 안타까운 점이 있습니다.

'조금만 더 꾸준히 공부하면 참 좋을 텐데!'

시험 전과 시험 후가 어쩜 이렇게 다를 수 있을까요? 모든 학생이 시험 일주일 전의 절반만큼만 수능 공부에 투자하면 전국 수능 평균이 10점 이상 올라갈지도 모릅니다. 3월 초 첫 상담 직후에는 앞으로 정말 열심히 공부하겠다며 꽉 찬 플래너를 보내지만 2~3주도 채 되지 않아 플래너를 보내는 횟수가 현저하게 줄어듭니다.

인간의 뇌는 살면서 수많은 것을 학습합니다. 하지만 학습하는 모든 것을 계속해서 뇌 안에 저장하고 있을 수 없습니다. 따라서 대부분의 학습된 정보는 꼭 중요한 내용이 아닌 이상 장기기억장치에 저장되지 않고 며칠이 채 되지 않아 머릿속에서 지워집니다. 망각이란 기능이 선택이 아닌 필수이며 학생들이 배운 걸 자꾸 까먹더라도 혼내서는 안 되는 이유입니다. 아마 망각할 수 없다면 모든 걸 기억해야 하는 고통 속에 살아가야 하기에 지금만큼 오래 살기 힘들 것입니다.

그렇지만 안타깝게도 공부는 며칠 내에 잊어버리려고 하는 게 아닙니다. 특히, 고등학생들은 수능 전까지 어떻게든 배운 내용을 머릿속 장기기억장치에 넣어야 합니다.

전 세계적인 베스트셀러이자 최근 100쇄 돌파 기념 리커버 에디션이 나온 앤절라 더크워스의 책 『그릿』에는 1926년 스탠퍼드대학교의 심리학자 캐서린 콕스가 역사적으로 매우 큰 업적을 남긴 위인 301명의 전기 내용을 바탕으로 이들의 특성을 분류한 연구 결과가 소개되어 있습니다. 백과사전 6권 분량에 달하는 기록을 분석해 얻었기에 신뢰도가 매우 높은 콕스의 이 연구 결과에 따르면 위인과 일반인을 확실히 구분 지어주는 네 가지 지표[27]가 있다고 합니다.

1. (하루하루 겨우 살아가는 삶과 대조되는) 멀리 목표를 두고 일하고, 이후의 삶을 적극적으로 준비하여 확고한 목표를 향해 나아가는 정도
2. 단순한 변덕으로 과제를 포기하지 않음. 새로움 때문에 다른 일을 시작하지 않으며 변화를 모색하지 않는 성향
3. 의지력과 인내심의 정도. 한번 결정한 사항을 조용히 밀고 나가는 결단력

---

27) 앤절라 더크워스, 『그릿』, 비즈니스북스(2022), p133.

4. 장애물 앞에서 과업을 포기하지 않는 성향. 끈기, 집요함, 완강함

콕스는 연구 결과를 요약하며 지능이 최상위권은 아니지만 상위권에 속하면서 끈기가 유달리 강한 이들이 지능이 최상위권이면서 끈기가 다소 부족한 이들보다 크게 성공할 것이라고 결론지었습니다. '적극성', '포기하지 않음', '의지력', '인내심', '결단력', '끈기', '집요함', '완강함' 등의 단어가 돋보입니다. 이처럼 『그릿』에서는 콕스의 연구 결과와 같은 자료를 반복적으로 제시하며 끝까지 해내는 것의 중요성을 책의 끝까지 강조합니다. 꾸준하게 무언가를 위해 최선을 다하며 노력하는 능력이 고등학생의 공부에서만 중요한 게 아니라는 뜻입니다.

"진심으로 친해지고 싶은 사람이 있는데 어떻게 해야 하나요?"

누군가 제게 이런 질문을 던진다면 친해지고 싶은 사람 앞에 반복적으로 같은 시간에 나타나 반갑게 인사해 보라고 조언합니다. 그 사람의 기억에 남을 정도로 꾸준히 말입니다. 처음에는 "저 사람은 뭐야?"라고 생각할지도 모릅니다. 마주치기 싫을 수도 있고 별로 말하고 싶지 않을 수도 있습니다. 하지만 개의치 않고 오늘도, 내일도, 일주일 뒤에도 웃는 얼굴로 앞에 나타나면 상대방은 어느 순간부터 특정 시간이 될 때마다 찾아와 웃음 짓고 인사하는 환경에 익숙해집니다.

그러다 갑자기 나타나지 않는다면 어떨까요? 상대방은 분명 '오늘은 왜 안 나오지? 어디 아픈가?' 생각하며 자기도 모르게 걱정하게 될 것입니다. 드디어 친해지고 싶었던 상대방에게 자연스럽게 다가갈 수 있는 여건이 마련된 것입니다. 공부도 마찬가지입니다. 매일매일 꾸준히 공부하는 습관은 삶에 있어서 획기적일 정도로 많은 걸 바꿀 수 있는 강력한 원동력이 될 수 있습니다. 따라서 꾸준함이 얼마나 중요한지 기억하고 규칙적인 학습 습관을 기를 수 있도록 힘써주시길 바랍니다.

3) 과목별 내용 정리 노트를 만들어라

가끔 졸업생들이 찾아오면 반가움에 이런저런 수다를 떨며 예전 학교 다닐 때 추억을 떠올리기 바쁩니다. 졸업하고 나면 모든 기억이 좋은 추억으로 바뀌는 거 같다며 웃음 짓기도 합니다. 학교 다닐 때 도움을 많이 받았다며, 감사하다며, 혼자라도 꼭 오고 싶었다며 인사를 전하는 졸업생들을 보면 교직이라는 자리가 참 보람된 자리라는 생각도 듭니다. 제자가 성장하는 모습을 바라보며 행복해하기도 합니다.

졸업생 이야기를 꺼낸 이유는 졸업생이 올 때마다 제가 항상 묻는 말이 있기 때문입니다.

"내게 듣고 실천한 수학 학습법 중 가장 도움이 되었다고 생각하는 방법이 있니?"

고등학교 3학년 때 학생들이 가장 어려워하는 대표적인 과목이 바로 수학이고 제 주전공이 수학이기에 찾아오는 졸업생마다 이 질문을 매번 던지는 편입니다. 앞으로 후배들에게 추천하거나 추천하지 않을 학습법을 제대로 찾으려면 너희들의 의견이 중요하다며 질문을 던지는 것입니다.

이렇게 찾아와 제 질문에 답해준 졸업생마다 가장 많이 도움이 되었다고 말한 방법을 소개하겠습니다. 일명 '과목별 내용 노트 만들기'입니다. 여기서 과목이란 수학, 수학Ⅰ, 수학Ⅱ, 미적분, 확률과 통계와 같은 과목을 뜻합니다. 과목별 내용 노트 만들기는 특히 성적이 낮다고 느끼는 학생들이 단기간 내에 빠르게 성적을 올리는 데 매우 효과적인 방법입니다. 2023년 6월 교육부가 수능에 어려운 문제를 출제하지 않겠다며 사교육 경감 대책을 발표했기에 더욱더 이 방법이 효과가 있을 거로 확신합니다. 매년 저를 거쳐 간 상당히 많은 학생이 그 효과를 경험하였기에 이 글을 보는 학생 모두 반드시 실천해 보기를 권합니다.

내용 노트 만들기를 하기 위해서는 먼저 자신이 부족한 과목이 무엇인지 직접 찾아야 합니다. 그리고 부족한 과목 성적을 정말 올리고 싶은지 스스로 물어봐야 합니다. '그냥 다 몰라요.'라며 판단을 미루면 안 됩니다. 그냥 다 모른다고 답하는 학생은 모르는 게 아니라 공부에 관심이 없는 것입니다. 공부에 관심 있는 학생은 모르는 내용이 나오면 답답해하지만, 공부에 관심 없는 학생은 모르는 내용이 나와도 별 반응 없이 무덤덤합니다.

꼭 잘하고 싶은 일이 있는데 잘 되지 않을 때 여러분은 어떤 생각을 떠올리시나요?

"어쩔 수 없죠."
"그냥 잘 안 돼요."
"왜 그런지 잘 모르겠어요."

이렇게 생각하시나요? 잘하고 싶은 일이라면 누구든 미리부터 포기하거나 체념하지 않습니다. 정말 잘하고 싶은 게 있는 사람은 잘 되지 않을 때 답답함을 느끼고 더 잘하고 싶은 마음에 조바심을 느낍니다. 그리고 그 답답함과 조바심을 해결하기 위한 구체적인 행동을 합니다. 게임을 잘하고 싶은 사람은 게임 공략집을 찾아보고 게임에 실제 적용해보며 골프를 잘 치고 싶은 사람은 골프 선수들의 영상을 자주 보거나 연습장에 나가 연습합니다. 맛있는 음식을 만들고 싶은 사람은 수없이 연습하며 자기만의 최고의 맛을 내고자 노력하고 베스트셀러 책을 내고 싶은 사람은 초고를 쓴 뒤 최대한 사람들이 읽기 쉽도록 수정하고 또 수정합니다.

공부도 똑같습니다. 꼭 성적을 올리고 싶나요? 열심히 공부할 수 있다고 주변 모든 사람에게 선언할 수 있나요? 그렇다면 성적을 올릴 수 있는 필승 전략을 세우고 그 전략에 따라 끊임없이 실천하고 노력해야 합니다.

이제 꼭 성적을 올리고 싶어 하는 학생들을 위해 내용 노트 만들기 방법을 소개하겠습니다.

적당한 두께의 노트를 한 권 준비합니다. 준비되었다면 개념이 잘 설명된 수학 개념서도 한 권 준비합니다. 이제 개념서를 펴서 맨 앞에 있는 목차를 확인합니다. 목차는 책의 흐름을 알려주는 중요한 지표가 되므로 가장 먼저 살펴봐야 합니다. 목차를 잘 모르는 학생은 전체 내용의 흐름을 정확히 이해했다고 볼 수 없으며 수학을 제대로 파악하고 내면화했다고 보기 어렵습니다. 따라서 이 중요한 목차를 가장 먼저 노트의 맨 앞에 씁니다. 자기만의 방법으로 도식화해도 좋고 그림으로 표현해도 좋습니다. 이 노트는 수행평가를 위해 만드는 노트도 아니고 억지로 제출해야 할 숙제도 아니므로 자신만의 방법으로 얼마든지 재구성할 수 있습니다.

다음으로 개념서를 펼쳐 첫 단원의 중요 개념을 찾습니다. 활용하는 문제집이 개념서라면 각 단원의 중요 개념이 네모 칸 안에 정리되어 있거나 굵은 글씨로 표시되어 있을 것입니다. 그 개념을 찾아 노트 상단에 씁니다. 중요한 건 한 페이지마다 개념 하나씩만 쓰는 것입니다. 아래 공간이 많더라도 그대로 비워둡니다. 이렇게 개념서에 있는 개념 하나마다 노트 한 페이지를 할애해 상단에 쓰는 활동을 반복합니다. 한 단원이 끝나면 빈 종이 한 장을 통째로 여백으로 남겨둡니다. 여백으로 남긴 노트 다음 장부터 상단에 다시 다음 단원 중요 개념을 하나씩 씁니다. 이렇게 단원마다 있는 중요 개념을 노트에 작성하는 활동을 반복하면 자기 글씨로 개념서의 핵심 개념을 옮겨 적은 한 권의 노트가 완성될 것입니다. 노트 작성 시간은 학생마다 다르지만 집중해서 만든다면 한 권당 2~3시간 안에 충분히 완성할 수 있습니다.

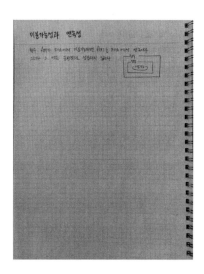
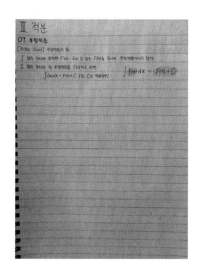

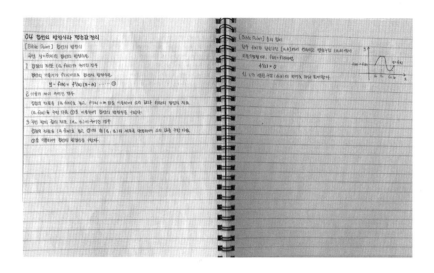

이 노트는 저와의 상담 이후 두 고등학교 2학년 학생들이 작성한 실제 내용 정리 노트입니다. 앞에서 설명한 것처럼 핵심 개념을 노트 상단에 작성한 뒤 아래 칸을 비워두었음을 확인하실 수 있습니다.

노트를 다 완성하고 나면 최소 100일 이상 매일 20~30분씩 투자해 처음부터 끝까지 노트에 쓰인 내용을 살펴보고 이해하는 활동을 합니다. 컨디션이 안 좋은 날도 있겠지만 하루 5분이라도 빠지지 않고 해내기를 권장합니다. 또한, 미적분, 기하, 확률과 통계 중 수능 때 응시할 선택과목 하나와 수학, 수학Ⅰ, 수학Ⅱ 과목까지 총 4과목에 관한 내용 정리 노트를 모두 만들기를 추천합니다. 지금까지 설명한 내용 정리 노트 만들기에 관한 설명을 요약하면 다음과 같습니다.

1. 수학 개념서와 노트를 준비합니다.

2. 노트 맨 앞에 목차를 간략하게 씁니다.

3. 한 장씩 넘기면서 각 단원의 핵심 개념을 노트 각 장의 상단에 씁니다.

4. 핵심 개념 아래 공간은 더 이상 쓰지 않고 비워둡니다.

5. 핵심 개념들을 다 쓰고 나면 다음 단원으로 넘어가기 전 한 장을 통째로 비웁니다. (blank page)

6. 다음 단원으로 넘어갈 때마다 3~5번 활동을 반복해서 노트를 완성합니다.

완성 후에는 최소 100일 이상 매일 하루 20~30분을 투자해 직접 완성한 내용 노트를 처음부터 끝까지 소리 내어 읽습니다. 평소에도 노트 내용을 자주 앞에 떠올리며 시각화하는 게 좋으며 잠들기 전 내용 노트를 읽으며 하루를 마무리하는 것도 좋은 방법입니다.

내용 정리 노트를 더 풍성하게 꾸밀 수도 있습니다. 내용 정리 노트를 읽으면서 더 넣으면 좋겠다고 생각하는 내용을 추가하거나 그림이나 도표를 활용해 표현하는 것입니다. 이처럼 풍성하게 노트를 작성해 100일 이상 반복해서 보면 기출 문제를 봤을 때 내용을 기억하지 못해 문제를 풀지 못하는 일은 더 이상 발생하지 않습니다. 또한, 내용이 조각난 채로 기억나지 않고 내용 노트 안에서의 구성과 연결되어 통합적으로 연결된

이미지로 떠오르게 됩니다. 다음은 스스로 이해한 내용을 추가로 정리한

학생의 노트 중 일부입니다.

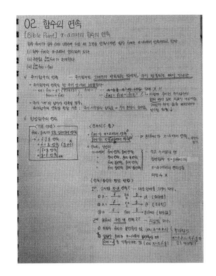

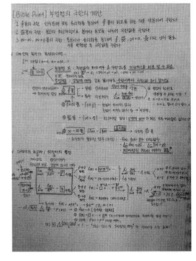

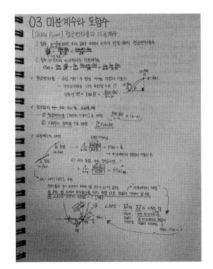

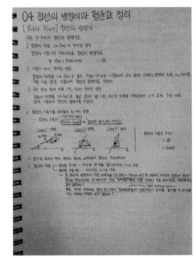

이제 작성한 내용 정리 노트를 제대로 활용할 수 있는 마지막 방법을 소개해드리겠습니다. 이 방법을 활용할 수 있어야 공부량에 비해 성적이 잘 나오지 않았던 문제점을 제대로 극복할 수 있습니다.

1. 최근 3개년 이내 수능 및 모의고사 기출 문제를 풀이합니다.
2. 틀린 문제의 핵심 개념을 파악합니다.
3. 파악한 핵심 개념을 내용 정리 노트에서 찾습니다.
4. 내용 정리 노트의 해당 개념 아래에 틀린 문제 정보를 작성합니다.

2022학년도 4월 전국 연합학력 평가에서 18번 문제 하나를 틀린 학생이 이를 내용 정리 노트에 옮겨 적는다고 가정하고 그 과정을 설명하겠습니다.

(1번) 2022학년도 4월 전국 연합학력 평가 문제를 풀이합니다.

(2번) 18번 문제를 틀렸다는 걸 확인한 뒤 이 문제가 이떤 내용과 관련된 문제인지 답지를 보며 확인합니다. 관련 내용이 부정적분임을 알아냅니다.

(3번) 수학Ⅱ 내용 정리 노트를 꺼내 부정적분 단원의 해당 내용을 찾습니다.

(4번) 그 내용 아래 비어 있는 빈칸에 틀린 문제 번호와, 틀린 이유를

아래와 같이 씁니다.

- 2022학년도 4월 전국 연합학력 평가 18번 문제 틀림 / 이유: $F(0)=30$이라는 조건을 잘못 적용함. -

이런 식으로 최근 3개년 이내 수능 및 모의고사 기출 문제를 풀이한 뒤 틀린 문제가 생기면 자기가 이 문제를 왜 틀렸는지를 직접 만든 내용 정리 노트의 해당 개념 아래에 적어 내려가면 됩니다. 실제 이 과정을 실행해보면 시간이 꽤 오래 소요된다는 걸 확인할 수 있습니다. 하지만 이 활동은 시간이 걸리더라도 꼭 해야 합니다. 이 활동이야말로 모르는 내용과, 틀린 문제를 동시에 파악해 통합적으로 이해하는 과정이기 때문입니다. 또한, 매일 꾸준히 내용 정리 노트를 반복해서 보게 되므로 틀린 문제에 관한 정보 또한 매일 볼 수 있게 됩니다. 내용 정리 노트에 작성한 문제와 유사한 유형의 문제 오답률을 현저히 줄일 수 있게 되는 것입니다.

이 활동의 장점은 여기서 끝나지 않습니다. 이 활동을 반복하면 할수록 특정 개념 아래에는 틀린 문제가 쌓이지만, 또 다른 특정 개념 아래에는 아무 문제도 쌓이지 않게 됩니다. 예를 들어 부정적분 개념 아래에는 틀린 문제가 자꾸 쌓이는데 함수의 연속 개념 아래에는 틀린 문제가 하나도 없는 상황이 발생합니다.

왜 그럴까요? 이유는 다음 두 가지로 요약할 수 있습니다.

1. 부정적분 개념은 시험에 자주 나오면서도 내가 취약하다고 느끼는
   개념이다.
2. 함수의 연속 개념은 시험에 잘 출제되지 않거나 내가 잘 알고 있어
   틀리지 않는 개념이다.

내용 정리 노트에 틀린 문제 번호, 틀린 이유를 간단하게 썼을 뿐인데 취약한 개념과 문제 관련 정보를 모두 통합적으로 파악할 수 있게 되는 것입니다.

"틀린 문제와 연관된 내용이 제 내용 정리 노트에 없으면 어떻게 하나요?"

간혹 틀린 문제와 연결된 개념을 내용 정리 노트에서 찾지 못할 때가 있습니다. '왜 틀린 문제가 있는데 내 내용 정리 노트에 관련 내용이 없는 거지?'라는 생각이 드는 것입니다. 이런 상황은 내 내용 정리 노트에 모든 개념이 완벽하게 정리되어 있지 않을 때 발생합니다.

이때는 어떻게 해야 할까요? 이런 상황을 대비해 통째로 비웠던 'blank page'에 추가로 작성하면 됩니다.

내용 정리 노트를 작성하고 틀린 문제를 추가하는 과정을 요약하면 다음과 같습니다.

1. 완성한 내용 정리 노트를 매일 반복해서 20~30분 정도 읽습니다.
2. 최근 3개년 이내 수능 및 모의고사 기출 문제를 풀이합니다.
3. 틀린 문제의 핵심 개념을 파악합니다.
4. 파악한 핵심 개념을 내용 정리 노트에서 찾습니다.
5. 내용 정리 노트의 해당 개념 아래에 틀린 문제 정보를 작성합니다.
6. 틀린 문제 관련 개념이 노트에 없을 때는 비워두었던 한 장에 추가로 작성합니다.
7. 이렇게 수정한 내용 정리 노트를 매일 반복해서 20~30분 정도 읽습니다.

다음은 정리된 내용 아래에 틀린 문제 정보를 추가로 작성한 학생의 노트 중 일부입니다.

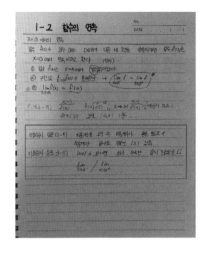
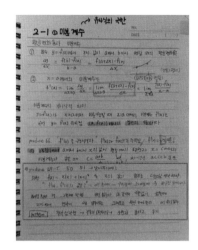

다시 한번 강조합니다. 내용 정리 노트는 다수의 졸업생이 제게 찾아왔을 때 가장 효과가 좋았다고 이야기한 학습법입니다. '나도 이렇게 해봐야지.'라고 누구나 생각은 할 수 있습니다. 하지만 실천하는 사람은 극소수입니다. '나는 안 된다니까요. 솔직히 이렇게 해도 안 될 거예요.'라고 생각해서도 안 됩니다. 제게 찾아온 학생들도 모두 '설마 될까요?'라는 마음으로 출발해 단기간 내에 엄청난 성적 상승을 이루었습니다.

시도조차 하지 않으면 아무 일도 일어나지 않습니다. 특히 부모님께서 자녀가 내용 정리 노트를 작성하고 매일 볼 수 있도록 적극적으로 도와주시기를 추천합니다. 이 모든 과정을 100일 이상 달성한 순간 분명 학생과 학부모 모두 만족할 수 있는 효과를 몸소 체험하실 수 있을 것입니다.

방대한 공부량을
끝까지 유지하라

—

그 무게는 온전히 학생이 스스로 감당해야 합니다.
지금 감당할 수 있어야 스무 살이 되고 서른 살이 되었을 때
주어질 더 큰 수박의 무게도 감당할 수 있습니다.

1) 모두가 불안해하고 있음을 깨달아라

　1학년 담임 선생님은 학기 초에 반 아이들로부터 정말 많은 질문을 받습니다.

　"선생님, 결혼하셨어요?"
　"보건실은 어디에 있어요?"
　"매점에서 뭐 팔아요? 맛있나요?"
　"학교 동아리는 어떤 게 있어요?"

　심지어 "화장실이 어디예요?"라고까지 묻는 아이도 있습니다. 복도에 나가면 바로 앞에 빤히 보이는데 말입니다. 이처럼 1학년 교실에서는 각양각색 다양한 아이의 모습을 볼 수 있습니다. 중학교 때와 딜리 처음 보는 아이들이 모여 교실에 있기에 서로 친해지려는 아이들, 어색해하는 아이들, 선생님께 잘 보이려는 아이들, 조용히 게임 하는 아이들, 기선을 제압하려는 아이들 등 정말 많은 종류의 아이들이 서로 다른 개성을 보입니다.
　수업 시간에도 선생님께 대체로 웃는 얼굴로 반응합니다.

"오늘은 날씨가 좋으니 놀아요!"

"밥 먹고 나니 나른해요. 놀아요!"

"방금 국어랑 영어 들어서 너무 힘들어요! 설마 수학까지 수업하시려는 건 아니죠?"

무슨 말이라도 하면 '꺄르르 꺄르르' 서로 마주 보고는 웃고 난리인 아이들도 있습니다. 하지만 고등학교 2학년 학생은 1학년 학생과 다릅니다. 학교생활을 1년간 해왔기 때문에 올해 학교에 어떤 행사가 있는지, 언제 하는지, 시험은 언제 보는지, 심지어 어떤 선생님께서 인기가 많으신지까지 모두 알고 있습니다. 작년에 선생님들이 어떤 농담을 자주 하셨는지, 어떤 시기에 어떤 무용담을 들려주셨는지도 물론 알고 있습니다.

친구들과의 대화는 여전히 많습니다. 하지만 1학년 때처럼 수업에 적극적으로 참여하려는 학생 수는 현저히 줄어들어 있습니다. 물론 수업 내용이 어려워져서 이해가 잘 되지 않아 그렇기도 합니다. 하지만 2학년 학생들이 수업에 적극적으로 참여하지 않는 가장 큰 이유는 따로 있습니다. 1학년 내신 성적이 이미 결정되어 버렸기 때문입니다.

1학년 학생들은 학기 초에 아직 서로를 알게 된 지 얼마 되지 않았고 누가 공부를 잘하는 친구인지, 성격이 좋은 친구인지, 남을 잘 배려하는 친구인지, 나랑 잘 맞는 친구인지 알지 못합니다. 그래서 서로 대화도 많이 나누고 소통도 많이 하며 상대가 어떤 친구인지 알고자 노력합니다. 선생님들께 대하는 태도도 마찬가지입니다.

'중학교 때까지는 좀 놀았지만 이제 고등학생이잖아. 열심히 하면 성적 쯤이야 금방 올릴 수 있을 거야. 선생님들과도 친해질 거야. 좀 더 잘 지내볼 거라고!'

학기 초에 1학년 학생들은 인사도 정말 열심히 합니다. 선생님들께 잘 보이고 싶어 하는 마음이 온몸으로 느껴집니다. 혹시 누구 한 학생이라도 인사하는 모습을 못 보고 지나쳤다가는 삐쳐서 달래주느라 진을 빼기도 합니다.

하지만 1학년 1학기에 있는 두 번의 지필평가와 2학기에 있는 두 번의 지필평가 모두를 보고 나면 모든 학생이 자신의 새롭게 정해진 내신 성적을 받게 됩니다. 가장 잘한 학생의 성적인 1등급부터 최악의 성적인 9등급까지 중 하나로 정해진 성적이 과목별로 쓰여 있는 내신 성적표를 받아 드는 것입니다. 1학년 때 대부분의 학교 내신 과목의 평가가 상대평가이기 때문에 학교 내신 성적의 결과에는 1등과 꼴찌가 반드시 존재하기 마련입니다. 따라서 이 평가의 과정이 진행되면 진행될수록 학생들의 표정은 점차 어두워집니다.

꾸준히 무기력한 감정을 누적해 겪어 온 학생들은 상담으로 만났을 때 그리 적극적인 태도를 보이지 않습니다. 궁금한 점을 물어보지도 않고 힘든 감정을 표출하지도 않습니다. 하지만 상담 시간이 1시간 가까이 지나면 서서히 닫고 있던 마음을 열고 속에 담아둔 이야기를 꺼내기 시작합니다.

"저 솔직히 앞으로 뭘 공부해야 할지 모르겠어요. 그냥 막막해요."

"어차피 이 내신으로 수시 못 쓰지 않아요? 공부해도 별 의미가 없는 것 같아요."

1학년 때 이미 좋지 않은 내신 성적을 받은 학생들은 흔히 자퇴를 고민하거나 무얼 해야 할지 모른 채 시간을 흘려보냅니다. 1학년 때는 노는 것이 마냥 재미있었다면 2학년 때는 노는 것도 그다지 즐겁지 않습니다. 별 의미 없는 한두 마디만 해도 '꺄르르 꺄르르' 웃었던 아이들이 웃긴 농담을 해도 살며시 미소 짓는 아이들로 바뀝니다. 뭘 해도 재미가 없다는 아이들이 점차 늘어납니다. 원하던 좋은 대학에 가지 못할 것이라는 걱정이 불안과 겹치며 공부의 끈을 점차 놓기 시작합니다.

그렇다면 아직 좋은 성적을 유지하고 있는 학생들은 어떨까요?

"잘 나온 건 이번 시험까지예요. 진짜로. 다음번에 분명 망할 거예요."

"이번까지 운이 좋았을 뿐이에요. 분명 다음 시험은 망칠 게 뻔해요."

"다른 애들은 과목마다 학원에 다니고 저보다 독서실도 더 많이 다녀요."

"제 앞에 앉은 친구는 주말마다 대치동 학원 몇 군데를 다니고요. 제 옆 친구는 벌써 미적분 단원 어려운 문제를 풀고 있더라고요. 이제 저는 망했어요."

내신 성적이 좋지 않은 학생들만 고2가 되어서 좌절하는 게 아닙니다. 성적이 좋은 학생들도 좌절합니다. 앞으로 분명 성적이 떨어질 게 뻔하다면서 불안해합니다.

불안감이야말로 고1과 다르게 고2가 눈에 띄게 체감하는 대표적인 감정입니다.

그렇다면 학생들이 성적 때문에 불안해하지 않기 위해서는 어떻게 해야 할까요?

100억 원의 자산가가 되려면 100억 원 자산가의 시선에서 돈을 바라보고 행동해야 합니다. 학생들도 똑같습니다. 전국 수석이 되고 싶다면 전국 수석의 관점에서 공부를 바라보고 실천해야 그 꿈에 한 걸음 더 다가갈 수 있습니다. 100억 원 자산기가 의미 없는 일에 시긴을 낭비하지 않듯이 전국 수석도 긴 시간 게임이나 SNS에 쏟아붓지 않습니다. 전국 수석을 바라면서 그와 반대로 행동하면 그 꿈은 그저 꿈으로 그칠 뿐입니다. 따라서 성적 때문에 불안해하지 않기 위해서는 원하는 성적을 얻기 위해 구체적으로 계획하고 행동으로 실천해야 합니다.

2) 내신과 수능 둘 다 제대로 준비하라

고1 학생들은 대체로 학교 수업에 열심히 참여합니다. 수업이 끝나고 궁금했던 내용을 선생님께 질문하러 찾아오기도 합니다. 학생회 활동이나 동아리 활동에도 열심히 참여합니다.

하지만 2학년이 되면 많은 부분에 있어서 바뀝니다. '어차피 1학년 때 내신 성적을 망쳤으니까.', 혹은 '난 앞으로 망칠 테니까.'라고 생각하며 전년도에 비해 열심히 참여하지 않습니다. 하고 싶은 게 명확하지 않거나 진로 의식이 뚜렷하지 않은 학생들은 그래도 이해가 갑니다. 하지만 진로 의식이 분명한 학생들조차도 수업에 잘 참여하지 않습니다.

이유가 무엇일까요? 2학년이 되면 과목별 1, 2등급의 높은 내신 성적을 받지 못한 대다수 학생은 자기가 원하는 대학에 수시모집으로 합격하지 못한다는 걸 깨닫습니다. 따라서 현실적으로 수시 지원을 통한 합격은 어렵지만, 원하는 대학이나 학과는 포기할 수 없기에 2학년 때부터 미리 본격적으로 정시 준비를 시작해야겠다고 생각합니다. 그리고 수능 시험과 거의 연관성이 없어 보이는 학교 수업을 듣지 말아야겠다고 생각합니다. 대학 입시에 더 이상 학교 수업이 필요하지 않기에 그 시간이 아깝다고 생각하는 것입니다.

"수행평가를 잘 보면 뭐 하나요? 쓸 수가 없는걸요."

"지필평가를 잘 보면 뭐 하나요? 쓸 수가 없는걸요."

"동아리 활동을 열심히 하면 뭐 하나요? 쓸 수가 없는걸요."

이렇게 생각하면 학교에서 하는 대다수의 활동이 대학 가는 데 쓸모없게 느껴집니다. 진로 의식이 높은 학생 중 자퇴를 고민하는 학생이 생각보다 많은 이유입니다.

하지만 이 이후부터가 더 문제입니다. 수업을 듣지 않기로 결심한 학생들은 지금이라도 부족한 과목 공부에 대한 인터넷 강의를 들어야겠다며 태블릿을 켭니다. 수업을 듣지 않고 몰래 이어폰을 통해 강의를 듣기도 합니다. 하지만 인터넷 강의를 들으려는 목적으로 태블릿을 켠 학생 대부분은 금세 인터넷 강의가 아닌 다른 것들에 집중하기 시작합니다.

수업에 집중하는 학생은 그래도 그 시간만큼은 선생님께서 알려주시는 내용에 집중하려고 노력합니다. 하지만 정시 준비에 필요한 수능 공부에 방해가 된다며 태블릿을 켠 학생은 인터넷 강의를 보다가 이내 유튜브나 인스타그램, 카톡과 같은 SNS에 노출되어 그쪽으로 빠져듭니다. 본래의 생각과 달리 수업과 인터넷 강의 중 그 어느 쪽에도 집중하지 못하게 될 뿐더러 학교에서의 대부분 시간을 낭비하게 되는 것입니다.

반대의 경우도 있습니다. 바로 학교에서의 내신 성적이 좋아 정시 준비를 위한 모의고사 시험 대비에 전혀 관심이 없는 학생들입니다. 물론 지금 내신 성적을 유지하기 위해 해야 할 게 너무 많기에 모의고사 시험까지 대비하기 어렵다는 건 이해할 수 있습니다. 수행평가 준비, 지필평가 준비, 세부능력 및 특기사항 입력에 필요한 자신만의 활동까지 모두 준비하는 것만으로도 하루하루 시간이 모자랄 게 분명하기 때문입니다.

하지만 모의고사 준비에 전혀 관심조차 두지 않는 건 그리 바람직한 생각이 아닙니다. 대한민국에서 자신이 원하는 대학이나 학과에 진학하고 싶어 하는 고등학생이라면 누구나 수시와 정시 모두에 관심을 보여야 합니다. 예전과 달리 서울과 수도권 주요 대학의 정시 전형 비중이 40%까지 증가했기 때문입니다.

수능 시험을 위한 모의고사 준비라는 건 생각보다 그리 거창한 게 아닙니다. 지금 공부하고 있는 문제집 풀이에 수능 기출 문제나 모의고사 기출 문제 풀이를 추가하는 것만으로도 모의고사에 대비할 수 있습니다. 하지만 대다수 학생은 수시와 정시를 모두 준비하는 건 너무 힘들며 둘 중 하나에 집중하기에도 벅차 둘 다 준비할 수 없다고 말합니다. 선택과 집중이 필요하다는 겁니다.

"솔직히 시간이 너무 부족해요. 내신 준비하기도 바쁘고요. 주말은 학원에서 내주는 숙제만 풀어도 시간이 다 지나가 버려요. 그런데 학교에 오면 다시 수행평가 과제를 내주잖아요? 그런데 제가 언제 모의고사 준비를 할 수 있겠어요? 현실적으로 불가능하다고 생각해요."

"수능 기출 문제를 몇 개 풀어봤거든요? 그런데 저랑 너무 안 맞아요. 문제도 어렵고요. 내신 준비만 잘해도 수시로 대학 갈 수 있잖아요. 그러니 그냥 내신 공부에 집중하고 싶어요."

물론 선택과 집중이 답일 수도 있습니다. 모든 내신 과목에서 1등급을 받는 뛰어난 학생이라면 말입니다. 하지만 한 학교에 모든 과목에서 1등급을 받는 학생은 일반적으로 손가락에 꼽을 정도로 적습니다. 따라서 탁월한 학교 내신 성적을 받는 몇 안 되는 학생을 제외한 나머지 학생들은 모두 정시 지원을 위한 수능시험에 대비해야 합니다.

3) 최상위 성적의 자리를 끝까지 지켜라

"내신 대신 모의고사 준비만 한 아이들이 모의고사에서 좋은 성적을 받는 게 당연하지 않을까요? 수능에서 화학과 생명과학을 응시하는 아이가 학교 내신 준비하겠다고 물리학을 공부하다가는 학교 내신과 수능 모두 망칠 수 있다고 생각해요."

이렇게 말하는 학생들이 생각보다 꽤 많습니다. 그러면 저는 그동안 담임 교사를 하면서 경험했던 일들을 이야기합니다.

"당연히 그럴 거 같지? 그런데 내신 성적이 좋은 학생들이 대체로 모의고사 성적도 좋단다. 참 불공평하지? 그런데 그게 사실이야. 못 믿겠으면 선배들에게 직접 물어보렴."

저학년일수록 이런 제 말을 믿지 않습니다. 하지만 며칠 뒤 믿지 않던 학생들이 다시 제게 찾아와 상담을 요청합니다.

"선생님, 진짜 내신 성적 높은 선배들이 모의고사 성적도 좋대요. 도대체 왜 그런 거예요?"

정시 전형을 위한 수능시험 공부는 전국 철인 3종 경기와 같습니다. 한 과목만 잘한다고 대학 입시에서 성공할 수 없습니다. 국어와 수학 성적이 높아도 영어 성적이 너무 낮으면 명문대에 진학할 수 없습니다. 다른 나라와 다르게 대한민국의 고등학생은 전 과목에 있어서 탁월한 능력을 보여야 합니다. 수영과 사이클, 마라톤까지 모두 탁월하게 잘해야 전국 철인 3종 경기에서 우승할 수 있듯이 수능에서 국어와 수학, 영어, 탐구 과목까지 모두 탁월한 성적을 보여야만 정시 전형으로 그토록 바라던 대학이나 학과에 지원해 합격할 수 있습니다.

만약 수능 시험을 보고 싶지 않다면 학교에서 배우는 전체 과목 내신 성적에 있어서 모두 1등급에 가까운 성적을 받아 수시전형으로 합격해야 합니다. 얼핏 보면 전국 철인 3종 경기에서 최상위 성적을 받는 것보다 이게 더 쉬워 보입니다. 그런데 이 또한 쉽지 않습니다. 훨씬 더 많은 과목에서 좋은 성적을 받아야 하기 때문입니다.

수능시험 공부가 전국 철인 3종 경기라면 내신 공부는 지역 철인 30종 경기와 같습니다. 수시를 준비하는 학생들은 3학년 1학기까지 배우는 모든 과목에서 최상위 성적을 받아야 합니다. 한 학기 한 과목이라도 삐끗하면 최상위 성적의 결과를 받을 수 없게 됩니다. 그러니 수시전형을 통해 최상위 대학과 학과에 진학하는 것 또한 쉽지 않은 도전입니다.

따라서 공부를 잘하기 위해서는 공부 근육이 누구보다 뛰어나야 합니다. 내신이나 모의고사로 시험 유형을 구분하는 건 그리 중요하지 않습니다. 내신만 좋거나 모의고사만 좋은 학생이 따로 있는 게 아닙니다. 그냥 공부를 잘하는 학생이 내신과 모의고사에 있어서 모두 뛰어납니다. 수시와 정시를 굳이 나눠서 공부하면 안 되는 이유입니다.

내신 성적과 모의고사 성적은 서로 반비례하지 않습니다. 오히려 정비례하는 경우가 더 많습니다. 처음에는 내신과 모의고사 둘 다 준비해야 하는 학생이 방대한 공부량 때문에 힘들어합니다. 하지만 날이 갈수록 내신이나 모의고사 중 하나만 준비했던 학생이 더 힘들어하며 남은 하나마저 포기하게 됩니다. 하나를 놓으면 괜찮을 줄 알았는데 오히려 점점 더 힘들어진다는 걸 깨닫고는 어느 순간 자포자기하는 것입니다.

두 손에 수박을 한 통씩 쥐고 걸어가고 있다고 상상해 보겠습니다. 지금 제 두 손에는 두 통의 수박이 있습니다. 정말 무겁고 고통스럽습니다. 아파서 손가락이 떨어져 나갈 것 같습니다. 집에 가려면 아직도 한참 남았고 두 손은 여전히 아픕니다. 이 상황에서 두 손 모두 아픈 게 싫어 제가 한쪽 손에 들고 있던 수박을 놓아버렸다고 가정해 봅시다.

이제 저는 어떻게 될까요? 몸의 무게중심이 한쪽으로 기울어진 탓에 아픈 손가락의 고통이 전보다 훨씬 더 심하게 느껴질 겁니다. 남은 수박은 한 통뿐인데 그 한 통마저 버리고 싶어지는 것입니다.

이처럼 무겁다고 한 손의 수박을 버리면 남은 한 통마저 버리고 싶어집니다. 처음에 이 수박을 왜 들고 오게 되었는지는 까맣게 잊어버린 채로 말입니다. 따라서 부모님께서는 자녀가 두 통의 수박을 들고 가느라 너무 힘들어하고 더 이상 못 들고 가겠다며 울먹인다고 해서 마음이 약해져 그 자리에서 수박을 내려놓게 해서는 안 됩니다. 물론 들고 있는 수박이 주변의 응원이나 격려로 인해 가벼워질 리는 없습니다. 하지만 수박의 무게 자체에 집중하기보다 왜 이 수박을 들고 가게 되었는지 고민하고 그 계기에 대해 계속해서 소통하고 질문하며 답변함으로써 끝까지 수박을 들고 결승점을 통과할 수 있도록 도와야 합니다.

"네가 왜 이 수박을 모두 들고 가고 있는지 떠올려 보렴. 이 수박이 지금 너에게 어떤 의미와 가치를 지니고 있는지 생각해 보렴."

주변에서 손가락이 덜 아플 수 있게 장갑을 끼워주거나 울퉁불퉁하지 않은 길로 유도할 수는 있습니다. 하지만 그 누구도 수박의 그 절대적인 무게만큼은 단 1g조차 덜어줄 수가 없습니다. 따라서 그 무게는 온전히 학생이 스스로 감당해야 합니다. 지금 감당할 수 있어야 스무 살이 되고 서른 살이 되었을 때 주어질 더 큰 수박의 무게도 감당할 수 있습니다. 만약 그 수박이 자신에게 소중해서 꼭 가져가야 하는 거라면 아이는 이를 악물고 어떻게든 들고 갈 것입니다. 하지만 무겁다는 이유로 한 손에 쥐고 있는 수박 하나를 버리게 된다면 앞으로도 중요한 선택의 갈림길에 섰을 때 또다시 회피하며 자기가 가진 걸 쉽게 포기하게 될 것입니다.

다시 맨 처음 학생과의 대화로 되돌아가 보겠습니다. 수능에서 화학과 생명과학을 응시하는 학생이 내신 성적을 위해 물리학을 공부하는 게 맞을까요?

저는 되도록 배우는 모든 과목을 공부하라고 설득합니다. 물리학 수업 시간에 열심히 공부한 학생은 그 시간의 자신에게 알찬 물리학 이론을 선물할 수 있습니다. 하지만 다른 공부를 하거나 태블릿을 본 학생들은 그 시간을 가치 있게 활용하지 못합니다. 인터넷 강의를 듣는 척 유튜브를 보고 카톡을 하고 인스타그램 릴스를 볼 가능성이 높기 때문입니다. 이처럼 효율적으로 공부하기 위해 수업을 안 듣겠다는 학생 대부분이 오히려 시간을 더 비효율적으로 써버리고 맙니다.

제가 올해 상담한 학생 중 진로 의식이 뚜렷해 주말마다 혼자 14시간씩 공부하는 학생이 있었습니다. 이 학생은 평일에도 꾸준히 14시간씩 자기 공부하기를 원했기에 학교 수업 시간 대신 인터넷 강의 듣기를 택했습니다. 그런데 결심한 지 한 달도 채 되지 않아 제게 다시 상담을 신청했고 이후 다시 학교 수업을 듣기로 했습니다. 진로 의식이 뚜렷한 학생조차 바로 앞에서 하시는 선생님 강의를 모두 무시하고 자기 공부를 하기가 쉽지 않았기 때문입니다.

학교에서 어떤 과목을 가르치고 배우는 데에는 다 그만한 이유가 있습니다. 그러니 쓸모없는 지식일 거라 혼자 섣불리 판단하고 스스로 배움의 기회를 차단하는 일이 없기를 바랍니다.

만약 지금도 여전히 수업 시간이 아깝다고 느끼는 학생이 있다면 평소 학교나 학원, 집과 같은 모든 공간에서 의미 없는 행동으로 얼마나 많은 시간을 낭비하고 있는지 구체적으로 시간을 재고 플래너에 기록해보기를 바랍니다. 평소 낭비한다고 느끼는 시간을 재서 기록하는 습관도 학습 동기 부여에 큰 도움이 됩니다. 지금 별다른 생각 없이 낭비하고 있는 그 시간만 아껴도 성적을 올릴 수 있는 시간은 충분합니다. 절대 늦지 않았다는 생각으로 학생과 학부모님 모두 미리부터 포기하시지 않길 바랍니다. 이 책을 계기로 지금 당장 자신을 믿고 진짜 공부를 다시 시작하는 학생들이 전보다 많아지기를 진심으로 바라고 응원합니다.

최상위 학생들의
입시 성공을 위한 7 시크릿
핵심 포인트 노트

입시 시크릿 1. 나만의 원씽(One Thing)을 찾아라

1) 주변 환경보다 자신에게 집중하라

2) 공부해야 하는 이유를 스스로 찾아라

3) 누구보다 적극적으로 공부하라

입시 시크릿 2. 하루하루 절실하게 공부하라

1) 투지와 실천, 성취감의 선순환을 경험하라

2) 최상위 학생의 플래너를 따라 하라

3) 진로상담 전문가를 찾아라

입시 시크릿 3. 답이 아닌 질문을 찾아라

1) 뭘 할지 모르겠다면 자존감부터 회복하라

2) 뭐부터 할지 모르겠다면 플래너에 할 일을 목록화하라

3) 지금 당장 눈앞의 옷장 문을 활짝 열어라

입시 시크릿 4. 최상의 학습 환경을 조성하라

1) 방이 아닌 거실에서 공부하라

2) 어디서든 무기력하게 잠들지 말라

3) 적극적으로 학습 환경을 개선하라

입시 시크릿 5. 주도적으로 공부하고 성취감을 느껴라

1) 꼭 필요한 강의만 선택해 들어라

2) 타인과 나를 비교하지 말라

3) To Be List를 작성하고 실천하라

입시 시크릿 6. 성적 상승을 확신하고 행동하라

1) 성적이 오르지 않는 이유를 찾아라

2) 처음부터 끝까지 끈기 있게 공부하라

3) 과목별 내용 정리 노트를 만들어라

입시 시크릿 7. 방대한 공부량을 끝까지 유지하라

1) 모두가 불안해하고 있음을 깨달아라

2) 내신과 수능 둘 다 제대로 준비하라

3) 최상위 성적의 자리를 끝까지 지켜라

에필로그

"선생님, 수학 선생님이시잖아요. 그런데 국어 전공은 왜 하신 거예요?"

대학원을 졸업한 이후에도 왜 국어교육을 전공했느냐는 질문은 계속 저를 따라다녔습니다. 아마 아무리 못해도 최소 100번 이상은 받았을 겁니다.

왜 저는 제 주전공과 전혀 다른 과목을 배우러 대학원에 간 걸까요? 사실 2008년에 고등학교에 입사한 이래 교사로서 최선을 다했지만, 시간이 지날수록 학생들을 가르치는 보람만으로 채워지지 않는 무언가가 제 안에서 점점 커지고 있었습니다. 성취감을 느끼며 성장하기를 좋아하는 성향 탓에 저 스스로 주도적으로 배우고 성취감을 느낄 무언가가 더 필요했던 것입니다. 무엇보다 국어교육을 전공하면 글쓰기 실력도 예전보다 훨씬 나아질 수 있으리라 믿었습니다. 생각을 생각으로 끝내고 싶지 않았기에 과감히 국어교육 대학원에 지원했고 2년 반 동안 대학원 생활을 하게 되었습니다.

대학원 생활은 대체로 유익했으나 수학 교사로서 살아가다가 국어에 대해 배우기 시작하니 모르는 게 너무 많았습니다. 해내지 못할까 봐 불안했고 조바심이 났습니다. 하지만 제가 좋아서 시작한 공부였기에 후회로 끝내고 싶지 않았습니다. 그래서 집에 가서도 늦은 시간까지 그날 배운 내용을 정리했고 과제가 있는 날은 미리 작성해 제출하고 나서야 비로소 잠자리에 들었습니다. 저 스스로 결정하고 선택한 길이었기 때문입니다.

2년 반 동안 힘겹게 대학원에 다닌 기억은 이제 제게 좋은 추억으로 남아 있습니다. 운 좋게도 전체 수석으로 단상에 올라 명예로운 상패를 받으며 졸업할 수 있었기 때문입니다. 지금도 실력보다 운의 영향이 훨씬 더 컸다고 생각하는 수석의 자리였지만 성취의 기억은 시간이 지나도 향기로 남아 최근까지도 잊을 만하면 나타나 코 밑을 간지럽혔습니다.

대학원을 졸업한 지 몇 년이 지나자 새로운 학문에 대한 갈증이 다시 찾아왔습니다. 국어교육을 전공하기로 결심한 바로 그 순간처럼 말입니다. 결국 이번에는 사람의 마음을 제대로 연구해야겠다는 구체적인 목표를 세웠고 2022년 겨울부터 2023년 여름까지 심리학 부전공 연수를 받아 우수한 성적으로 이수하였습니다.

이처럼 저는 수학 선생님이지만 국어교육 대학원을 수석 졸업했습니다. 또한, 사람의 마음을 온전히 이해하기 위해 심리학 부전공 연수를 신청했고 우수한 성적으로 이수했습니다. 근무하는 고등학교에서는 16년째 합창 동아리를 운영하며 지금까지도 정기적으로 공연하고 있습니다. 공연은 매번 공연 공간이 꽉 찰 정도로 학생들의 반응이 매우 좋습니다. 그리고 2024년을 목전에 둔 지금의 저는 작년 한 해 출간되기를 간절히 바라고 또 바라던 이 책의 맺음말을 쓰고 있습니다.

이제 제 삶은 앞으로 어디로 어떻게 이어지게 될까요? 궁금하고 또 기대됩니다.

제 삶을 사랑하며 매 순간 진심을 담아 살아가고 싶다는 생각에 2020년부터 2021년까지 매년 30권 이상 책 읽기를 목표로 『열국지』와 『초한지』, 『삼국지』 전 권을 읽었고, 『태백산맥』, 『토지』, 『한강』 전 권을 완독했습니다. 2021년 11월부터는 인문 사회 도서, 경제 도서, 자기계발서 등을 가리지 않고 읽기 시작해 최근까지 약 70권의 책을 독파했습니다. 2020년부터 지금까지 대략 130여 권의 책을 읽은 셈입니다.

이제는 책 읽기보다 책 쓰기에 집중하리라 다짐하고 첫 페이지를 쓰기 시작한 건 2022년 1월입니다. 몇 년 동안 시간을 쪼개서 많은 책을 읽고 나니 저도 책을 한 권 쓰고 싶어졌기 때문입니다. 따라서 새해 목표를 '반드시 책 한 권 완성하기'로 정하고 매일 아주 조금씩이라도 글을 쓰겠다는 목표를 세워 다이어리 첫 장에 커다랗게 적었습니다.

목표를 세웠으니 이제 실천이 필요했습니다. 2022년 새해에 책을 쓰기로 결심한 뒤 한 해가 끝날 때까지 저는 책 한 권을 반드시 완성하리라 다짐하고 쓰고 또 썼습니다. 자정이든, 새벽 1시든, 글을 쓰기 위해 책상에 앉아 한글 파일을 열었습니다. 시간이 지나 어느새 2023년이 되었지만, 변함없이 밤마다 한 글자라도 더 쓰고자 노력한 날이 쌓이고 또 쌓였습니다. 그리고 마침내 미다스북스와 좋은 인연을 맺어 1년 넘게 공들인 원고를 책으로 출간하게 되었습니다.

현대 사회를 사는 사람들은 학문을 효용적 측면에서 받아들이는 경향을 보입니다. 많은 사람이 학문이란 배워서 잘 써먹을 수 있어야 한다고 생각합니다. 그래서 써먹지 못할 거 같다 생각되면 더 이상 배우지 않습니다. 하지만 적어도 저에게만큼은 학문이란 효용적인 게 아닙니다. 목적 그 자체입니다. 알기 위해 배우고 배움으로써 터득합니다. 그러니 저라는 사람에게 새로운 걸 배우는 행동은 어쩌면 삶의 목적 중 하나라고도 볼 수 있습니다. 『마흔에 읽는 니체』[28]에서 말하듯이 삶에서의 성공이란 '무엇을 달성했느냐?'기 이니리 '얼미만큼 성장했느냐?'에 달려 있습니다. 밑바닥까지 내려갔을 때 가장 먼저 필요한 건 스스로 새로운 길을 제시해주는 것이기 때문입니다. 그렇기에 니체가 말한 것처럼 스스로 성장하는 삶을 이루기 위해 제 피로, 온몸으로 글을 쓰고자 정말 최선을 다했습니다.

---

28) 장재형, 『마흔에 읽는 니체』, 유노북스(2022)

첫 책은 꼭 고등학생들을 위해 쓰고 싶었습니다. 하지만 고등학생을 위한 책은 입시 정보와 관련된 주제가 많았고 이는 제가 첫 책에서 말하려던 주제나 그동안 삶에 있어서 추구하던 목표와도 맞지 않았습니다. 그때 문득 제가 교사를 하는 이유가 수업과 상담 때문이라는 게 떠올랐습니다. 그리고 많은 상담을 통해 얻은 경험과 생각을 다른 사람과 공유해야겠다고 다짐했습니다. 순간의 생각 한 조각이 이 책의 시초가 된 셈입니다.

지금도 머릿속에 많은 생각이 떠오릅니다.

'이 책을 누가 볼까?'

'과연 누군가의 마음을 움직일 수 있을까?'

'내 책을 통해 누군가의 삶이 바뀔 수 있을까?'

'내가 수없이 꿈꿔왔던 것처럼 베스트셀러 작가가 되어 당당히 사람들 앞에 설 수 있을까?'

저는 저 자신을 의심하는 대신 믿기로 결심했습니다. 저조차 믿지 않으면 그 누가 믿을 수 있겠습니까? 저는 누군가 제 책을 보고, 제 진심을 이해하고, 실제 삶의 변화를 이끌 수 있을 거로 믿습니다. 제 이야기를 듣고 감동하며 새로운 생각으로 삶을 살아갈 수 있을 거로 믿어 의심치 않습니다.

끝으로 책 전반에 걸쳐 나온 학생들의 모든 이름은 가명이라는 점, 글의 가독성을 높이기 위해 일부 학생과 학부모의 상황을 대화체로 표현한 점, 글에서 예시로 든 상황이 필자가 근무하는 학교에서 일어나는 실제 상황이 아니라는 점, 상담의 비밀 보장 원칙에 따라 실제 일어난 상황이나 대화를 그대로 실은 게 아니라는 점을 밝힙니다. 또한, 학교 내에서 교사로서 살아가고 있지만 학교 구성원에게 개인적으로 집필한 책으로 영향을 끼치거나 오해를 불러일으키면 안 되기에 이 책에서 이야기하고 있는 모든 교육의 관점은 필자가 근무하고 있는 학교와 전혀 관련 없는 개인적인 의견임을 분명하게 밝힙니다.

'출간을 제안드립니다.'라는 글귀에 한참 동안 멍하니 앉아 있던 그 시간을 기억합니다.

그날 퇴근하던 차 안에서 한동안 오열하며 힘들었던 저 자신을 위로한 그때를 기억합니다.

제 삶이 큰 목표 중 하나였던 책 출간을 현실로 끌어내 주신 미다스북스의 모든 분께 진심으로 감사의 말씀을 전합니다.

가족의 무한한 사랑과 믿음이 있었기에 끝까지 이 책의 집필을 마칠 수 있었습니다. 가족은 궁극적인 제 삶의 목적이자 이유입니다. 글을 완성하기까지 무한한 믿음으로 기다려준 사랑하는 아내 두례와 큰딸 예빈, 둘째 딸 아현, 아들 우진, 그리고 부모님께 이 책을 바칩니다.

그토록 꿈꿔왔던 작가의 꿈을 이루게 되어 무한한 행복을 느낍니다.

부디 이 책의 모든 독자에게 가족의 행복과 사랑이 함께 하기를 진심으로 바랍니다.

단언컨대 이 책을 읽은 수많은 고등학생이 대학 입시의 진정한 시크릿을 깨닫고 자기 꿈을 향해 힘껏 나아갈 수 있으리라 확신합니다.

진심은 반드시 통합니다.

"희망은 볼 수 없는 것을 보고,
만져질 수 없는 것을 느끼고,
불가능한 것을 이룬다."

—

헬렌 켈러
Helen Keller

최상위를 꿈꾸는
초 · 중학교 학생, 학부모님을 위한
고등학교 선택의 시크릿

1) 고등학교의 본질을 파악하라

고등학교에 가장 관심이 많은 사람은 누구일까요? 바로 중3 학부모님이십니다. 물론 중3 학부모님만 관심을 가지시는 건 아닙니다. 요즘에는 중 1, 2 학부모님, 초등학교 학부모님, 심지어 미취학 아동 학부모님도 고등학교 선택에 관심을 보이십니다. 2023년 10월 10일 2028 대학입시제도 개편 시안을 발표한 이후 더 그렇습니다. 벌써 2023년 기준 중학교 2학년 학생부터 얼마나 많은 교육 제도가 바뀔지 뉴스와 유튜브 영상 등을 통해 정보가 쏟아져나오고 있습니다. 대입 준비를 본격적으로 해야 하는 시기가 고등학교 시기이기에 궁금해하시는 것도 많습니다. 그래서 매년 말이 되면 각종 인터넷 카페에 고등학교 관련 질문이 쏟아집니다.

"영어는 어느 정도까지 공부하고 가야 하나요?"

"내신 따기가 정말 어렵다던데 A 학교 분위기는 어떤가요?"

"고등학교에 들어가기 전에 수학은 고2 과정까지 모두 공부하고 가야 한다면서요?"

이런 질문도 있습니다.

"기숙사가 있는 학교가 더 학습 분위기가 좋나요?"

"B 학교 이번 졸업생 대학 입학 실적은 어떤가요?"

"의대에 보내려면 일반고와 특목고 중 어디가 더 유리한가요?"

이런 질문에 제가 직접 답변을 한 적은 한 번도 없습니다. 하지만 혼자 안타까워하거나 답답함을 느낀 적은 많습니다. 중학교 학생과 학부모님의 정보가 부족하고 정확하지 않은 정보가 난무해서 그런 것이 아닙니다. 고등학교가 대입을 위한 수단으로 전락했다는 느낌을 지울 수 없기 때문입니다.

전국의 고등학교는 현재 각종 인터넷 블로그, 카페, 유튜브 영상에서 의·약대 많이 보낸 학교, 서울대 많이 보낸 학교, SKY 많이 보낸 학교 등으로 목록화되어 있습니다. 수시로 많이 보낸 학교, 정시로 많이 보낸 학교 등으로 나뉘어 있기도 합니다. 서울 강남에 있는 학교인지, 경기도에 있는 특목고인지, 기숙사가 있는 학교인지에 따라 나뉘고 재학생 합격생이 많은지, 재수생 합격생이 많은지에 따라 범주화되기도 합니다. 때로는 주변에 있는 입시학원 개수에 따라 구분되기도 합니다. 이처럼 인터넷 공간 곳곳에서 각 고등학교는 누가 정한지도 모르는 판단 기준에 따라 마치 고기 품질 등급이 나뉘듯 등급이 정해져 있습니다.

이미 일부 부동산 애플리케이션[29] 안에서는 각 지역의 지도에 아파트

---

29) 리치고 App, "아파트 실거래가(학군 비교)"

와 주택 근처 학교를 표시할 때 학교 그림 오른쪽 위로 S, A, B와 같은 등급을 매겨 놓았습니다. 부동산 애플리케이션에서 학교에 등급을 매겨 놓았다는 건 학교의 등급이 주변 아파트와 주택의 가격에 끼친다는 걸 의미합니다. 부동산 애플리케이션을 통해 학교의 등급을 본 사람들의 반응은 어떨까요? 대다수 사람은 그 등급이 어떤 기준으로 매겨진 것인지에 대한 과정보다 결과 자체에 주목합니다. 왜 B등급인지에 대한 기준을 궁금해하기보다 눈에 보이는 B등급이라는 잣대로 단정 짓고 학교를 판단합니다.

이 애플리케이션에서는 어떤 기준으로 학교의 등급을 정한 걸까요? 실제 해당 부동산 애플리케이션에 접속해 등급 산출 과정을 알아보니 중학교는 특목·자사고 진학률, 고등학교는 4년제 대학 진학률을 통해 등급을 매긴 걸 확인할 수 있었습니다. 초등학교도 등급이 있었습니다. 초등학교의 등급 기준은 주변 중학교의 특목·자사고 진학률이었습니다. 즉, 초등학교는 주변 중학교의 특목·자사고 진학 실적, 중학교는 특목·자사고 진학 실적, 고등학교는 4년제 대학 진학 실적이 전국 초·중·고등학교의 S, A, B 등급의 주요 판단 기준이었던 것입니다. 이는 명문 대학교 입학률이 높은 고등학교, 그 고등학교 입학률이 높은 중학교, 그 중학교 입학률이 높은 초등학교를 찾는 우리 교육의 민낯을 그대로 보여주고 있습니다. 고등학교가 대학 입학의 발판으로 사람들에게 인식되고 있음을 의미하기도 합니다.

부동산 매물을 찾아주는 TV 프로그램인 〈구해줘 홈즈〉의 5월 7일 200회 특집 방송에서는 '학교! 학원! 학군을 찾았어~'라는 제목으로 학세권 집을 찾았습니다. 이 또한 공교육과 사교육에 대한 이러한 사회적 인식이 우리 사회에 팽배해 있음을 뒷받침해 줍니다. 중요한 건 이 프로그램에서의 학세권이란 단어가 학교가 아닌 대치동 학원가와 가까운 집을 뜻했다는 점입니다. 이는 대다수 교육 기관이나 교육청에서 교육의 본질에 관해 이야기하고 각종 교육 정책을 쏟아내는 것과는 상당히 대조적입니다.

올바른 고등학교 선택을 위해서는 인성교육을 얼마나 하는지, 학생들끼리 얼마나 관계가 좋은지, 학교에서 중점적으로 시행하는 교육 활동이 무엇인지가 매우 중요합니다. 하지만 현실은 의·치·한·약·수[30]와 서울대 수시, 정시 합격 비율이 얼마인지, 학교생활기록부 세부능력 및 특기사항을 얼마나 잘 써주고 있는지, 유명 학원가와 얼마나 가까운 위치에 있는지가 요즘 고등학교 선택에 영향을 끼치는 주요 원인입니다. 결국 현재 우리 사회에서 특목고 실적과 대입 실적이 자녀의 학교를 결정하는 가장 강력한 이유라는 건 부인하고 싶어도 할 수 없는 대한민국 교육의 안타까운 현실입니다.

제가 답답함을 느끼는 한 가지가 더 있습니다. 각종 인터넷 카페에 질문을 올리시는 학부모님 모두 우리 아이는 고등학교에 입학한 뒤 모든

---

30) 의예과, 치의예과, 한의예과, 약학과, 수의예과를 이르는 말.

과목에서 당연히 우수한 성적을 낼 것이라 단정 지으신다는 점입니다. 하지만 고등학교 입학 후 과목마다 내신 성적 1등급을 받을 수 있는 학생의 비율은 이수 학생 기준 상위 4%뿐이고 학교에서 배우는 모든 과목에서 상위 4% 내에 들 확률은 실질적으로 1%도 채 되지 않습니다.

따라서 고등학교를 선택할 때 성적보다는 우리 아이가 학교에 잘 적응할 수 있는지, 친구들과 잘 지낼 수 있는지, 공부를 잘할 수 있는지부터 먼저 고려해야 합니다. 우리 아이는 당연히 잘할 거로 미리 단정 짓고 각 고등학교의 대입 실적을 선택 기준의 최우선으로 삼으시면 실제 고등학교 진학 후의 스트레스를 온전히 아이 혼자 감당해야 합니다. 제가 멘탈 시크릿에서 제시한 7가지 가상 에피소드와 유사한 상황이 실제 발생하게 되는 것입니다.

학교에 가서 공부하고 생활하는 건 그 누구도 아닌 우리 아이들입니다. 그러니 아이가 무얼 좋아하는지, 어떤 학교에 가고 싶어 하는지, 무엇을 배우고 싶어 하는지, 어떤 미래를 꿈꾸는지 먼저 물어보고 그에 맞는 학교를 선택하는 게 최우선이 되어야 합니다. 학생 스스로 자신 있게 다닐 수 있는 학교를 선택해야 앞으로 고등학교에서의 3년을 알차고 유의미하게 보낼 수 있습니다.

만약 고등학교 선택이 고민인 중3 학생 또는 학부모님이시라면 학교라는 곳이 인성과 학력을 동시에 키우는 교육 기관이라는 걸 먼저 고려해주셨으면 합니다. 입시학원과 같이 국, 수, 영 과목 선행학습에 목매는 곳이 아니라는 걸, 우리 아이 내신 성적을 잘 주고 학교생활기록부 작성을 잘 써주기 위해 존재하는 곳이 아니라는 걸 알아주셨으면 합니다. 학교는 아이의 전반적인 신체적 · 인성적 성장을 위해 존재하는 곳입니다. 만약 아이가 고등학교에 들어와서 제대로 적응하지 못한다면 졸업하고 스무 살이 된 이후의 대학과 사회에서도 힘들어할 수 있습니다.

따라서 아이가 스스로 각 고등학교에 대해 알아보고 가고 싶은 곳을 선택해서 진학할 수 있도록 적극 도와주시길 바랍니다. 또한, 과거 스승으로서 존경받던 위치에서 내려와 주변의 온갖 따가운 시선을 받고 있음에도 불구하고 향후 미래 인재를 키우기 위해 묵묵히 학교 현장에서 고군분투하시는 선생님들이 여전히 많이 계신다는 걸 믿어주셨으면 합니다.

2) 학교 알리미를 적극 활용하라

중학교 학부모님께서 보시기에 학생 스스로 고등학교를 선택하도록 돕고 싶어도 각 고등학교에 대한 정보가 너무 없어 판단하기 힘드실 수 있습니다. 사실 성적이나 진학률 등이 학교 판단의 기준이 되는 것도 외부에서 흔히 찾을 수 있는 대표적인 양적 자료가 성적이나 진학률이기 때문입니다. 하지만 요즘은 각 고등학교에 관한 정보를 인터넷에서 전보다 더 쉽게 찾을 수 있으므로 학생과 학부모님께서 각 고등학교의 정보를 직접 알아보고 판단해 보시기를 권해드립니다.

정보를 얻을 수 있는 곳은 '학교 알리미'라는 인터넷 사이트[31]입니다. 인터넷 검색창에 '학교 알리미'라 검색하시면 쉽게 찾으실 수 있습니다.

학교 알리미에서 자주 찾게 되는 정보는 역시나 학교별 공시 정보입니다. 학생이 원하는 학교의 공시 정보를 확인할 수 있으며 아래 그림에서 화살표가 가리키고 있는 학교별 공시 정보를 클릭하시면 확인하실 수 있습니다.

---

31) 학교 알리미, https://www.schoolinfo.go.kr/Main.do

이후 다음과 같은 화면이 나왔을 때 왼쪽 화살표부터 차례대로 원하는 학교를 찾아 맨 오른쪽 아래 검색 버튼까지 누르시면 새 알림창이 생성 됩니다.

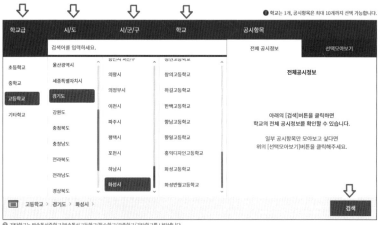

알림창이 열린 이후부터는 특정 학교의 정보가 포함되어 있기에 학교 정보를 유추할 만한 추가 그림을 싣지 않았습니다.

알림창이 열리면 왼쪽에 해당 학교의 설립 구분, 설립 유형, 학교 특성, 설립 일자, 학생 수, 교원 수, 대표 번호, 홈페이지, 주소, 관할 교육청 등의 정보가 보입니다. 그 아래에는 급식 정보, 학사 일정, 학생 현황, 방과후학교 운영 계획 및 운영 지원 현황, 1인당 도서관 이용 현황, 성별 학생 수와 같은 주요 정보를 알기 쉽게 보여줍니다.

다시 그 아래를 보면 공시 정보가 있습니다. 공시 정보에서는 학교의 각종 교육 활동, 교육여건, 학생 현황에 대한 많은 정보를 확인하실 수 있습니다.

학부모님께서 궁금해하시는 대입 진학률도 이곳에서 볼 수 있습니다.

공시 정보 연도 선택 – 학생 현황 – 졸업생의 진로 현황을 클릭하면 그래프로 표현된 졸업생 진로 현황을 확인하실 수 있습니다.

그래프 아래에는 졸업 학생의 진학 현황을 정리한 표가 있으니 표를 보시고 더 정확한 정보를 확인하실 수 있습니다.

이렇게 1차로 관심 있는 학교에 대한 정보를 얻으셨다면 호감 가는 고등학교 입학 설명회에 참석해 보시길 바랍니다. 물론 학교 알리미를 통해 이미 많은 정보를 자세히 파악하셨겠지만 학교 알리미만으로는 고등학교에서 생활하고 있는 학생들의 분위기나 학교 시설에 관한 정보까지 알 수 없습니다. 최근에는 입학 설명회를 실시하는 고등학교가 꽤 많으며 실시하지 않는 학교라도 정보를 얻고자 방문을 원한다고 전화하시면 받아주는 경우가 대부분이므로 해당 고등학교에 전화로 미리 문의한 뒤 방문하시는 것이 좋습니다.

고등학교 입학 설명회에 방문하시면 해당 학교의 홍보 자료를 받고 홍보 영상을 보게 됩니다. 하지만 홍보 자료는 말 그대로 학교에서 제작한 주관적인 홍보용 자료이니 집에 와서 자세히 살펴보셔도 됩니다. 따라서 입학 설명회 현장에서는 자료 대신 학교 분위기를 파악하시길 바랍니다. 만나는 학교 선생님이 열정적으로 보이는지, 만나는 학생들이 대체로 밝아 보이는지, 학생들이 인사를 잘하고 예의 바르게 행동하는지 등을 제대로 봐야 학교 분위기를 비교적 정확하게 파악하실 수 있습니다.

자녀의 고등학교 선택은 집을 사는 것보다 훨씬 더 중요합니다. 따라서 집을 살 때 직접 그 집에 찾아가 집 내부와 주변 환경을 모두 살펴본 뒤 신중하게 결정하듯이 자녀가 원하는 학교의 입학 설명회에 직접 찾아가 홍보 영상에 있는 정보가 맞는지, 우리 아이가 잘 다닐 수 있는 분위기인지 직접 경험하셔야 합니다. 그래야 학부모님께서도 고민 끝에 보낸 학교에 자녀를 안심하고 맡기실 수 있습니다.

또한, 가족 구성원 모두가 학생의 진로 관련한 이야기를 자주 나누고 소통하셔야 합니다. 전 세계에서 한 해 200명 내외의 수재들만 입학하는 미네르바 스쿨에 합격한 김선은 어릴 때부터 가족들과 자기 진로에 관한 가족회의를 자주 열었다고 합니다.[32] 아이들은 자기가 존중받는다고 느낄 때 높은 자존감을 형성하고 성취를 위해 노력할 때 큰 힘을 얻습니다.

좋은 학교 정보와 학원가 정보도 물론 중요합니다. 하지만 그보다 먼저인 건 내 아이의 적성과 꿈이 아닐까요? 진심으로 소통해주시는 부모님께 자란 아이들이 확실히 긍정적인 태도를 보이며 올바르게 성장합니다.

고등학교 선택에 있어서 중3 학생, 학부모님께 가장 중요하게 말씀드리고 싶은 게 있습니다. 학생의 성향과 가장 어울리는 학교가 분명히 어딘가 있다는 사실입니다. 따라서 학업적이 부분도 무시할 수 없는 조건 중 하나이지만 학생이 잘 적응할 수 있는지, 어떤 미래를 꿈꾸는지, 고등학교에서 어떤 생활을 해보고 싶은지 등을 먼저 고려하고 판단하셨으면 하는 마음입니다.

무엇보다 어느 학교든 아이가 잘 지내고 행복할 수 있다면 그보다 더

---

32) 김선, 『미네르반』, 꼬레아우라(2021)

바랄 게 없지 않을까요? 부디 너무나도 소중한 중3 아이들의 꿈이 현명한 고등학교 선택을 통해 즐거운 고등학교 생활로 이어지기를 진심으로 바라고 또 바랍니다.

3) 2028 대입제도 개편안의 본질에 집중하라

2023년 10월 10일에 교육부가 2028 대입 개편안 시안을 발표했습니다. 아직 확정된 개편안은 아니지만 고교학점제 시행 이후 대학 입시에 대한 방향성을 알 수 있는 중요한 개편안이기에 사람들의 관심이 매우 뜨거웠습니다.

개편안 시안의 주요 내용은 크게 내신과 수능의 두 갈래로 나누어 요약할 수 있습니다.

첫 번째, 고등학교 내신이 개편됩니다. 1등급부터 9등급으로 나뉘었던 현행 9등급제 대신 5등급제 내신으로 바뀌며 5등급 절대 평가 등급을 적용하지만, 일부 공통 과목에는 상대 평가 등급도 함께 기재됩니다. 상대 평가 5등급제에서는 등급 누적 10%(1등급), 34%(2등급), 66%(3등급),

90%(4등급), 100%(5등급)가 적용됩니다. 따라서 만일 어떤 학생이 상위 8%의 성적을 받았다면 기존 9등급제 내신에서는 2등급을 받았지만 향후 개편되는 내신 5등급제에서는 1등급을 받게 됩니다.

2022 개정교육과정[33]에서 상대 평가 과목에 해당되는 과목은 다음과 같습니다.

과목 정보	교과	과목	비고
공통 과목	국어	공통국어 I	
		공통국어 II	
	수학	공통수학 I	
		공통수학 II	
		기본수학 I	공통수학 I 대체 이수 가능
		기본수학 II	공통수학 II 대체 이수 가능
	영어	공통영어 I	
		공통영어 II	
		기본영어 I	
		기본영어 II	
	사회	통합사회 I	
		통합사회 II	
	과학	통합과학 I	
		통합과학 II	

---

33) 경기도교육청, 「2022 개정교육과정 고등학교 과목 선택 안내 자료」

상대 평가 과목의 수가 많다고 느끼실 수 있습니다. 하지만 본격적인 고교학점제 시행에 따라 상대 평가하지 않으면서 학교에서 개설할 수 있는 과목의 수[34]가 훨씬 더 많아지므로 실제 시행되었을 때 학생들이 느낄 수 있는 부담감은 이전에 비해 많이 줄어들 것입니다.

두 번째, 대학수학능력시험이 개편됩니다. 2028 수능에 통합형 과목 체계를 도입해 국어, 수학, 탐구 과목을 선택과목 없이 같은 내용과 기준으로 평가하겠다는 게 핵심 개편 내용입니다. 즉, 문·이과를 구분하지 않고 통합해 선발하겠다는 뜻입니다. 현 수능 체제에서는 어떤 과목을 선택하느냐에 따라 표준점수가 달라져 그에 따른 유불리가 존재했던 게 사실입니다. 하지만 이번 개편을 통해 특정 과목 선택으로 인한 표준점수 하락과 같은 기존 수능의 단점을 극복할 수 있을 거로 보입니다.

2028 대입 개편안 시안을 바라보는 현재 중학교 2학년 이하 학생, 학부모님의 관심은 크게 둘로 나뉘는 듯합니다.

일반고와 특목고 중 어느 곳이 우리 아이에게 유리한가?
앞으로 대학은 상위권 학생을 변별하기 위해 어떤 선택을 할 것인가?

이미 각종 사이트와 SNS를 통해 2028 대입 개편안 시안을 분석하고 이 두 질문을 중심으로 나름의 답변을 내놓은 전문가들을 확인하실 수

---

34) 국어 9과목, 수학 16과목, 영어 11과목, 사회 23과목, 과학 26과목 등

있을 것입니다. 또한, 일반고와 특목고 중 어느 학교가 더 유리한지, 대학이 앞으로 어떤 선택을 할 것인지에 대한 많은 분석 영상과 설명회 영상을 찾으실 수 있을 것입니다. 꽤 많은 대형 학원에서 대입 개편안에 대비해 미리 개설한 겨울방학 특강도 이미 줄줄이 마감된 상태[35]입니다.

그런데 정보를 얻으실 때 유의하셔야 할 사항이 있습니다. 바로 정보의 객관성과 신뢰성입니다. 현재 개편안 시안을 분석한 영상의 출처 대부분이 사교육 시장의 입시 전문가로부터 제공되고 있습니다. 왜 이들은 이렇게 앞다투어 개편안 시안을 분석한 결과를 발표하고 공유하는 걸까요?

바로 사교육을 통해 2028 대입 개편안에 미리 대비할 수 있다고 홍보하기 위해서입니다.

학생들이 사교육을 받는 가장 큰 이유는 불안함이라는 감정 때문입니다. 그런데 최근 고교학점제와 사교육 경감 대책에 이어 2028 대입 개편안, 의대 정원 확대까지 정책적 변화가 계속해서 발표되고 있습니다. '과연 지금보다 불안감을 주기에 더 좋은 환경이 다시 올 수 있을까?'라는 의문이 들 정도로 큰 폭의 변화가 이어지고 있습니다. 따라서 지금은 가중되는 혼란과 불안감을 사교육에서 홍보하는 데 활용할 수밖에 없는 시기라는 걸 인정해야 합니다.

물론 이러한 홍보는 고급 정보에 목말라 있는 학생과 학부모님께 좋은

---

35) 전동혁, "'의대 증원·대입 개편'에 입시 정보 '발품'", MBC 뉴스 (2023.10.21.)

정보로 다가갈 것입니다. 하지만 문제점도 있습니다. 단순한 정보 전달로 끝나지 않을 거라는 점입니다. 고급 정보만 내어 주고 아무런 금전적 이득을 취하지 않는 사교육 업체는 없습니다. 우리는 자본주의 사회를 살고 있기 때문입니다.

따라서 공교육 교사 중 한 사람으로서 간곡히 말씀드립니다. 아무리 교육 정책이 바뀐다고 해도 교육의 본질은 바뀌지 않습니다. 1등급 비율이 4%에서 10%로 늘어나도 아이가 공부에 관심이 없으면 아무 소용이 없습니다. 아무리 수능 선택과목이 폐지되고 통합과학, 통합사회를 출제하며 문·이과 구분 없이 학생을 평가하고 선발한다 해도 내 아이가 무기력하면 무의미한 변화일 뿐입니다. 그러므로 불안감을 조성한다고 해서 갑자기 불안해할 필요도 없고 당장 특정 사교육을 받지 않으면 큰일 난다고 생각하실 필요도 없습니다.

가장 중요한 본질은 가장 가까운 곳에 있습니다. 교육의 본질은 입시 제도의 변화에 있지 않습니다. 본질은 공교육만 받아야 생기는 것도 아니고 사교육을 받아야 생기는 것도 아닙니다. 본질은 대학생처럼 과목을 선택하고 학점제로 운영해야 '짠' 하고 나타나는 게 아닙니다. 교육의 본질이란 바로 곁에 있는 우리 아이의 내면에 있기 때문입니다.

그 어떤 교육 정책이나 변화보다 우리 아이가 소중합니다. 아이가 뭘 좋아하는지, 아이가 어떤 걸 배우고 싶어 하는지, 아이가 현재 어떤 심리 상태인지가 중요합니다. 따라서 아이가 밥은 잘 먹고 다니는지, 친구들과 잘 지내고 있는지, 학교 생활하면서 별다른 어려움을 겪고 있는 건 아닌지에 대해 더 관심을 기울이셔야 합니다. 그리고 아이의 바로 이런 특성이 고등학교 선택의 가장 큰 기준이 되어야 합니다.

각종 교육 전문가의 말처럼 향후 2028 대입 개편안이 시안과 같은 방향으로 실제 시행되었을 때 일반고보다 특목고에 입학하는 게 더 유리하다고 느끼실 수 있습니다. 하지만 일반고보다 특목고가 더 유리하다는 건 내 아이가 모두 1등급을 받을 수 있다고 가정했을 때만 할 수 있는 말입니다. 그런데 많은 학부모님께서 내 아이는 당연히 어느 학교에 들어가든 좋은 성적을 받을 수 있으리라 가정한 채로 수많은 입시 정보를 받아들입니다. 일반고보다 특목고가 유리하다는 주장을 있는 그대로 받아들입니다. 하지만 일반고에 들어갔다면 좋은 성적을 받았을 텐데 특목고에 들어가는 바람에 3~4등급을 받아 대학 입시에 실패할 수도 있습니다.

사교육 전문가들은 이 부분까지 잘 말하지 않습니다. 홍보에 그리 도움이 되지 않기 때문입니다. 그러므로 단순히 특목고가 유리하다는 말한마디에 내 아이를 특목고에 적합한 인재상으로 퍼즐 맞추듯 끼워서 맞추려고 하시면 안 됩니다. 제도가 아닌 내 아이의 특성과 잠재력을 보셔야 합니다. 그게 바로 교육의 본질이며 내 아이의 미래를 위한 길입니다.

대학의 신입생 선발을 위한 변별력 확보도 같은 맥락으로 이해하셔야 합니다.

"앞으로 논술이 뜰 거래. 당장 논술 학원부터 등록해야겠어."

"논술도 있지만 면접이 대세라던데? 난 면접 학원까지 같이 보내려고."

"앞으로 과학이 어려워질 거라 하더라. 과학은 강남 학원에 직접 보내야 할 것 같아."

"앞으로 논술이 뜬다고? 매주 아이와 글쓰기 연습을 해봐야겠어."

"면접이 대세라고? 앞으로는 저녁 먹으며 아이와 대화를 많이 나눠야겠다."

"과학이 어려워진다니 주말마다 과학 실험을 같이 해봐야겠다."

어느 쪽이 더 나아 보이시나요? 우리는 이미 정답을 알고 있습니다. 단지 정답을 알고 있음에도 불구하고 정반대로 행동하고 있을 뿐입니다.

우리는 자본주의 사회에서 살고 있습니다. 그러니 당연히 그 누구든 자기를 광고하고 그 광고를 통해 돈을 벌 권리가 있습니다. 하지만 그 광고를 받아들이는 사람은 어디까지가 과대광고이고 어디까지가 고급 정보인지를 구별할 줄 알아야 합니다. 내 아이가 어떤 성향인지 모르는 상태에서 여러 광고에 휘둘리다가는 자칫 앞의 멘탈 시크릿에서 언급했던 각 에피소드에서의 아이들처럼 힘들어할 수 있습니다. 그러니 부디 현재 내 아이의 학습 수준이 어느 정도인지, 학습을 대하는 태도는 어떤지, 절실하게 공부할 수 있는 시크릿을 받아들일 준비가 되어 있는지부터 먼저 파악하시길 바랍니다.

최상위를 꿈꾸는 초 · 중학교 학생, 학부모님을 위한 고등학교 선택의 시크릿을 요약하면 다음과 같습니다.

1. 내 아이의 학습적 수준과 태도를 먼저 파악하세요.

2. 사교육보다 부모님께서 아이와 함께할 수 있는 활동을 먼저 떠올리세요.

3. 2028 대입제도 개편안을 정확히 이해하세요.

4. 아이가 원하는 게 무엇인지 깊게 소통하세요.

이 모든 게 제대로 이루어진다면 분명 스스로 올바르게 성장하고 발전하는 자녀의 모습을 발견하시게 될 것입니다.

2028 대입 개편안에서 우리에게 말하고자 하는 교육의 본질은 바로 아이에 대한 사랑과 공감, 그리고 소통입니다. 교육자로서 제 마음이 부디 전해졌기를 진심으로 바랍니다.

대학 입시의 7가지 시크릿